# Sorrindo pra vida

Direção geral: Fábio Gonçalves Vieira
Capa: Márcio Mendes
Preparação, diagramação e revisão: Decápole/Bruno Castro

*Este livro segue as regras da Nova Ortografia da Língua Portuguesa.*

Editora Canção Nova
Rua João Paulo II, s/n – Alto da Bela Vista
12 630-000 Cachoeira Paulista – SP
Tel.: [55] (12) 3186-2600
E-mail: editora@cancaonova.com
loja.cancaonova.com
Twitter: @editoracn

*Todos os direitos reservados.*

ISBN: 978-85-7677-910-0

© EDITORA CANÇÃO NOVA, Cachoeira Paulista, SP, Brasil, 2017

# Márcio Mendes

# Sorrindo pra vida

3º Tiragem

Canção Nova
EDITORA

# Sumário

Agradecimentos.................................................................. 7
Sorrindo pra vida.............................................................. 8
Quando tudo muda......................................................... 10
Faça dar certo .................................................................. 40
Inveja, crítica e desamor .................................................. 51
O segredo para estar sempre contente............................. 67
Libertação......................................................................... 79
Não se esqueça do mais importante ................................ 110
O poder das coisas escritas............................................... 117

Com gratidão,
À Dona Anita *(in memorian),* por ter se deixado inspirar por
Deus e ter dado o nome ao programa *Sorrindo pra Vida.*
(Saudades do seu acolhimento e ternura.)
Ao Eto e à Luzia, por terem sido pioneiros no programa
*Sorrindo pra Vida,* que tanto bem faz aos seus expectadores.

# Sorrindo pra vida

TODOS QUEREMOS UMA VIDA descomplicada, cheia de força e alegria. Em vez disso, entramos constantemente em conflitos prejudiciais, exatamente porque nossa cabeça está cheia de pensamentos negativos e ideias inúteis.

Deixamos as situações dolorosas do passado nos assombrar como se tivessem acabado de acontecer.

Temos a mania de ficar remoendo o medo e a preocupação até não ter mais forças.

Mas não precisa ser assim.

Sorrir pra vida é uma escolha e uma atitude – é tirar todo lixo de dentro do coração. Quando não varremos para longe de nós as ideias e sentimentos que nos fazem mal, eles sabotam nossas chances de viver bem e ser feliz.

É o caso do homem que não consegue aceitar seu genro por causa da sua condição humilde. Ao desprezá-lo, só causa sofrimento a si mesmo e às pessoas que ama. Sua repulsa não mudará a realidade financeira do moço, nem apagará o amor que sua filha tem por ele – apenas criará um bloqueio de mágoas entre pai e filha que os afastará cada vez mais. É o caso do jovem revoltado que se sente inferior ao comparar-se com o irmão, ou da esposa que não consegue confiar no marido pelo medo de ser traída.

O que está dentro de nós – pensamentos e sentimentos – interfere diretamente no modo como enfrentamos as dificuldades do dia a dia, e isso faz toda a diferença.

Você verá que não precisa desistir de seus sonhos só porque as coisas não tomaram o rumo que você esperava. Por mais que a gente queira, a vida não acontece exatamente como planejamos.

Este livro mostra que há um jeito de reagir aos aborrecimentos e superá-los sem perder o bom humor e a alegria. Você encontrará em cada página respostas simples e práticas para dissipar as preocupações e o medo, e se libertar de tudo que tem roubado sua alegria de viver.

# Quando tudo muda

Você, que todos os dias trabalha, estuda, luta, lida com afazeres em casa, ocupa-se do que outras pessoas querem e se consome em mil tarefas... O tempo está passando, seus amigos e parentes vão tocando a vida em frente, e você fica com a sensação de que está lhe faltando alguma coisa... Parece que a rotina o engoliu: os dias se repetem com todos os seus compromissos, horários e cobranças, tudo muito parecido – não há surpresas. E você permanece com seus sonhos guardados na gaveta, à espera de que algo aconteça...

Às vezes, surge aquela impressão de que sua vida está sendo desperdiçada, de que o tempo está escapando como água por entre os dedos, e aperta um nó no peito – uma mistura de preocupação e tristeza que dói e machuca...

Está na hora de mudar esse quadro. Você sabe disso! Mas sofre, pois se acostumou com a ideia de que é assim que as coisas devem ser. Há tempos você ouve que é importante assegurar o futuro, que é preciso ser cuidadoso, não se expor a perigos e ter dinheiro estocado para garantir que tudo corra bem. Direta ou indiretamente, as pessoas lhe disseram – e você acreditou – que a felicidade é um troféu, que para ser feliz é indispensável obter muitas posses, ter sucesso em tudo e deixar os outros boquiabertos com suas conquistas.

Bem lá no fundo, existe uma ideia a coçar: "Afinal, como os outros vão me amar se eu não provar que tenho valor e que sou capaz de fazer coisas grandiosas e importantes? Ninguém vai me respeitar. Vão me pôr de lado. Não posso deixar que isso aconteça! Preciso me garantir".

Pois é, ensinaram-lhe que, se você seguir o roteiro e fizer tudo certo, ganhará o troféu. O que se esqueceram de dizer é que essa receita é falida. Não funciona. Não há garantias. E você também já sabe disso, porque fez a prova. Tentou todas essas coisas e sente, como o jovem rico do Evangelho, que algo continua a faltar:

> Bom Mestre, que devo fazer para ganhar o céu? Pois desde pequeno procuro fazer tudo corretamente, e ainda assim não me sinto realizado... (cf. Mc 10,17-20)

Conta São Marcos que Jesus o ouviu, acreditou nele e, olhando-o com profunda ternura, lhe disse:

> Eu sei o que é. Falta-lhe uma coisa somente: abandonar essas falsas garantias em que sua vida se apoiou e arriscar-se a viver de verdade. Vem comigo e eu lhe mostro. (cf. Mc 10,21)

E o moço foi embora triste, porque não queria pôr em risco o que já havia conquistado.

Jesus não tinha dúvidas de que o rapaz era um bom aluno, tanto que o chamou para ser seu discípulo. Poderia, inclusive, ter se tornado um apóstolo. Afinal, era um moço talentoso e aprendia bem. O problema é que havia aprendido bem o ensinamento errado – a prova disso é que se sentia longe de alcançar o céu e andava insatisfeito. A história termina com uma retirada fracassada. Ele vai embora com o semblante caído, pesado de tristeza, porque antes não sabia o que fazer; e, quando soube, não teve coragem de fazê-lo!

Quero dar o meu parecer a você que anda com ar sombrio, sentindo-se cansado, insatisfeito com a sua vida como está – talvez tenha sido este o seu problema: você aprendeu bem o ensinamento errado. Foi um aluno dedicado, só que o enganaram. Pois a vida não é feita de garantias, mas de riscos.

Viver é uma perigosa aventura. É 100% arriscado. Pois você nunca tem certeza dos caminhos que terá de percorrer. Nem das coisas que irão acontecer no trajeto. A palavra *risco*, nas suas origens mais antigas, diz respeito ao "perigo ligado a um empreendimento". Ou seja, quem quiser construir algo de valor, seja um casamento, uma amizade, uma carreira, um navio ou uma família, sempre terá perigos a enfrentar – sempre lidará com a possibilidade de sofrer perdas no meio do processo.

Quando começo a fazer algo grande e importante – que requer tempo, recursos, dedicação e carinho – estou investindo minha vida ali. Mas faço isso sem ter certeza dos resultados que virão. Pode ser que eu tenha sucesso, pode ser que eu fracasse, pode ser que algo me impeça de ir até o fim, ou mesmo que eu não viva tempo suficiente para colher os frutos. Quem sabe? Só Deus sabe. No entanto, se aquilo vale a pena, eu faço. Mesmo que me custe, atiro-me de cabeça. Atrevo-me. Arrisco-me. Pois isso é viver. Mas preciso lembrar que agir assim é aceitar a possibilidade de errar, de perder, de ser criticado e de sofrer.

Uma vida bonita e cheia de sentido não pode ser construída sem que você esteja sempre se expondo a riscos. Para viver bem, é preciso sair da zona de segurança e ir para o combate, é preciso tomar decisões e atrever-se a levá-las adiante. Se você não ultrapassar seus limites, nunca saberá aonde é capaz de chegar. Então, coragem!

Viver é confiar, apesar da incerteza; é prosseguir disposto a enfrentar forças contrárias que, sem dúvida, aparecerão.

Não existe vida sem tribulação. Por isso, quem não quer enfrentar dificuldades nem se expor à possibilidade de sofrer algum prejuízo ou insucesso, vai desperdiçar todas as suas forças e usar todos os seus recursos financeiros apenas para tentar se proteger – a consequência é que não sobrará nem dinheiro nem disposição para mais nada. Então, a pessoa não sai de casa, não conhece novos lugares, não muda a rotina, não aprende outras profissões, não se abre a novos relacionamentos, não se envolve com pessoas que ameacem seu estilo de vida, não se abre à partilha e, também por isso, não vive, não se diverte, não cresce.

Quanta gente não gosta da vida que tem e sofre por causa disso! Mas, sofre por falta de sabedoria e coragem – como o moço rico do Evangelho que, amargurado, preferiu guardar o que tinha a recomeçar uma vida mais leve e mais feliz. Ao querer se garantir, só conseguiu que sua história continuasse exatamente como era: insuficiente. Queria mudanças, mas não queria mudar. Queria uma vida nova sem arriscar a velha. Impossível! A vida que se guarda no cofre se perde. "De fato, de que adianta alguém ganhar o mundo inteiro, se perde a própria vida?" (Mc 8,36).

Só há uma maneira de garantir que sua vida não se perca, e não é guardando-a – é vivendo-a sem medo e sem reservas. Mas, cuidado! O que existe de mais fácil é encontrar desculpas para se dispensar dessa tarefa. Por exemplo, pode ser que alguém pense assim: "Tenho sentimentos por aquela moça, gostaria de namorá-la, vejo que seria bom dizer isso a ela, mas arrumo uma infinidade de motivos para não ter que agir. Pode ser que eu vá levar um fora; pode ser que ela não queira se envolver com ninguém e que por isso esteja sozinha; pode ser que ela deixe de se sentir à vontade junto de mim depois disso. Há grandes chances de eu estragar nossa amizade se eu entrar nesse assunto com ela agora...".

Outro exemplo: "Se eu falar com meu chefe que me sinto mais inclinado para os serviços de um outro setor e que gostaria de fazer uma experiência de trabalho lá, pode ser que ele não goste e se chateie, talvez até me demita". Tudo isso são desculpas e mais desculpas para eu não ter que agir. É inacreditável como a gente está sempre sabotando as chances de uma vida feliz, pelo simples medo de tentar fazer o que o coração nos manda.

Seguir o coração também oferece perigo. A própria Escritura adverte: "O coração é o que há de mais enganador, e não há remédio. Quem pode entendê-lo?" (Jr 17,9). É verdade: os sentimentos enganam e não há muito o que fazer a esse respeito. Mas é também do coração que vêm a força e a direção que nos levam para frente e nos fazem vencer. É algo tão importante que Jesus mandou ter com ele uma atenção toda especial: "Cuidado para que vossos corações não fiquem pesados por causa dos excessos, da embriaguez e das preocupações da vida" (Lc 21,34). Com o coração pesado, explica o Senhor, os acontecimentos em sua vida vão se tornar como armadilhas, nas quais você cairá por não ser capaz de percebê-las e evitá-las.

Um coração pesado equivale a um coração insensível. Jesus alertou para que cada um de nós tomasse cuidado para que ele não se torne pesado, frio, indiferente ao amor, justamente porque sabia que era evidente tal risco – o de cair na apatia.

O que é um coração insensível? É aquele que se tornou indiferente, frio. É um coração que não liga para nada, não sente nada e, por isso, torna-se triste. É aquele que se desligou da fonte da verdadeira alegria ao perder sua capacidade de sentir, principalmente de sentir aquilo que Deus está falando.

O coração é o lugar reservado, sagrado e profundo, em mim e em você, onde podemos fazer a experiência de Deus e conversar com Ele. Toda a atenção de Jesus com essa questão tem um motivo muito particular: o íntimo do ser humano é sagrado, porque guarda a presença de Deus e guarda também quem nós somos na profundidade do nosso ser. Esse íntimo é tão importante que, ao criá-lo, Deus o selou, de modo que o demônio não pode entrar neste recanto mais profundo da alma. Os únicos que habitam esse espaço recôndito do coração são só você e Deus. Ali o maligno não tem acesso. Por isso, os místicos afirmam que o demônio pode desconfiar, mas não tem como saber o que você está pensando, a menos que você diga.

Surge aqui uma pergunta: "Se o maligno não tem acesso a este lugar profundo do meu ser, então por que não me sinto livre? Por que, pelo contrário, sinto-me cheio de medos, preocupações, feridas emocionais e, muitas vezes, me vejo triste?". A razão é a seguinte: o espírito do mal não pode penetrar as profundezas do coração, mas usa de artifícios para envolvê-lo naquilo que o torna triste e pesado. Isso sim, o demônio é capaz de fazer.

Não é também isso que o pecado faz com a gente? Torna o coração calejado, insensível, pesado? A pessoa fica anestesiada, amortecida e não sente mais... Perde, sobretudo, a alegria – fica com a alma pesada. Do mesmo modo que o pedreiro mistura água, cimento e areia, o maligno vai misturando mágoas, pecado e vícios para fazer uma massa e, com ela, envolver o nosso coração. As feridas emocionais não curadas, aliadas aos nossos pecados, formam uma crosta em volta do coração que o torna incapaz de perceber as inspirações que o Espírito Santo nos dá, bem como as nossas motivações mais profundas.

Sempre vamos encontrar estas duas coisas dentro de nós: a força que nos impele a viver e uma resistência que nos bloqueia pelo medo de nos ferirmos ou fracassarmos.

O medo de errar tira a vontade de tentar. As preocupações nos bloqueiam e tiram o gosto de arriscar uma mudança. O preocupado, ainda que não saiba, vive amarrado. Pois preocupações geram insegurança, e a insegurança alimenta o medo que nos desgosta, desgasta e impede de partir para a ação. Como um animal selvagem apanhado em armadilha, o preocupado gasta suas energias debatendo-se sem sair do lugar.

Qual é o remédio, então? Cuidar para que seu coração não se torne insensível às suas motivações mais profundas e seguir as inspirações de Deus para você.

Veja para onde o Espírito Santo o conduz e siga por ali. Em outras palavras: para onde pende o seu coração? Existe uma intuição penetrante, uma voz interior, por meio da qual Deus guia seus filhos. O que essa intuição lhe diz? Você percebe que tem algo divino no que ela propõe? E se você resolvesse colocar isso em prática agora? Como seria? Sentiria um frio na barriga?

O segredo é enfrentar esse frio na barriga e, mesmo sentindo-o, dar o passo para que a mudança aconteça – em suma, partir para a ação: "Vou procurar essa moça de quem eu gosto. Vou convidá-la para tomar um cafezinho comigo e lhe dizer o que me faz apreciá-la tanto. Depois, com carinho e respeito, perguntarei se podemos nos conhecer melhor". Ou: "Vou conversar com meu chefe. Peço para que a secretária verifique quando poderá me atender e, uma vez marcada a hora, dou uma passadinha no escritório dele. Depois, de modo simpático e gentil, explico-lhe a minha situação. Conto-lhe da vontade que tenho de fazer uma experiência de trabalho em outro setor e de como isso poderia ser bom não só para mim, como também para toda a empresa. E apresento as minhas razões".

Independentemente das respostas que receba, você verá o grande bem que essa atitude lhe fará.

Poderia apontar aqui diversas situações, mas o que vale para os dois exemplos que acabei de citar serve também para todos os outros. Por isso, pergunto: O que você quer fazer de sua vida? O que nela está bom, mas precisa melhorar? O que está ruim e tem de mudar por completo? O que você pode fazer de imediato para avançar em direção a essa meta? O que você gostaria de fazer para melhorar os seus relacionamentos? Você gosta da sua vida afetiva como está? Consegue torná-la mais bonita e generosa? Como? E quanto ao seu trabalho... Sente-se apaixonado pelo que faz? Pergunte-se: "O que me prende para que eu não consiga o que quero? Quais são os estorvos que estão sempre a me impedir de realizar as minhas aspirações mais profundas? Confie na voz de Deus em seu coração e atreva-se a obedecê-la. Arrisque-se a viver! Pois essa vida passa rápido e, um dia, vai acabar".

Aja com prudência, mas jamais permita que ela se transforme em medo e venha a pôr você dentro de uma gaiola. Prudência preserva a vida. Já o medo impede de viver. Então, seja atrevido e quebre a gaiola. Despedace o medo e vá em frente. Só não exagere na expectativa. Tem gente que mira alto demais e depois fica triste e desanimada por não conseguir o que pretendeu.

Conta uma história muito antiga que um vira-lata observou um leão que passava e começou a persegui-lo, fazendo um estardalhaço – latia, rosnava e saltava em sua direção. Até que o leão se cansou daquela situação, virou de repente e soltou um rugido tão grande quanto sua irritação. Apavorado, o vira-lata deu meia-volta, desatou a correr e a ganir tanto quanto podia. Uma raposa, que se fartava de rir às custas daquela cena, disse-lhe com deboche:

— Oh! Pobre cãozinho! Meteu-se a perseguir um leão e agora assusta-se com um simples rugido?

Este é o mal do presunçoso: quer ir além de suas forças e treme diante da primeira dificuldade que lhe aparece.

Atreva-se. Mas atreva-se com sabedoria. Dê um passo de cada vez, dentro de suas possibilidades. Contudo, comece já. E não desista por causa das dificuldades.

O relacionamento com as pessoas está entre os mais belos e difíceis desafios da vida. Num pensamento de Quintana:

> *A arte de viver é*
> *simplesmente a arte*
> *de conviver...*
> *simplesmente, disse*
> *eu? Mas como é difícil*

Viver em paz com pessoas que nos causam dificuldades testa constantemente os nossos limites – sejam elas pessoas estranhas ou mesmo as que amamos. Se não zelamos para que, na convivência, o coração não se torne pesado, acabamos por nos fechar em nossos próprios interesses – sempre em busca de proteção e conforto.

Muitos se sentem tão vulneráveis em sua vida emocional, que se asilam no trabalho e caem no ativismo. Têm medo de quebrar a gaiola que aprisiona sua sensibilidade e voar alto. Não querem correr o risco de sofrer, por isso se escondem e não se permitem sentir com profundidade. É possível ser gentil, agir corretamente e, ainda assim, não amar e não se comprometer. Mas quando não amamos, só resta a tristeza; ficamos sem motivação e a esperança vai acabando. Viver ao lado de alguém sem ter alegria, sem amor, é triste demais. Para enfrentar esse desafio, precisamos de algo que nos entusiasme e nos faça avançar.

Causa dó quando encontramos pessoas que vivem juntas, mas não são unidas. Sabem se ferir, mas não conseguem se respeitar e tratar com carinho. É de partir o coração ver maridos indiferentes, esposas amarguradas, filhos perdidos, pais desprezados, porque em algum momento o amor entre eles esfriou e o coração endureceu. Quem deixa o amor esfriar torna-se uma mina de críticas e má vontade.

Há coisas que me dão coragem e me ajudam a viver e a amar. Há outras que me tornam pesado e insensível. É importante ter cuidado com essas coisas, sobretudo com os desequilíbrios, porque entram em nós como a comida entra no corpo e podem fazer mal. Para ter força e disposição, você precisa se alimentar; apenas tenha cuidado para não ingerir o que vai intoxicar você. As preocupações exageradas, por exemplo, são altamente tóxicas. São também contagiosas. Podem prejudicar e até mesmo destruir o gosto de viver.

Alguns hábitos são tão nocivos que podem prejudicar terrivelmente – e até mesmo destruir – o amor e a beleza de uma família ou de uma amizade. Entre eles estão as preocupações exageradas, os ciúmes doentios, a inveja, as mentiras, a competição entre cônjuges, a falta de respeito, o rancor, as mágoas etc. Por causa do mau uso e dos exageros que a envolvem, uma das coisas mais tóxicas nos dias de hoje é a internet – quando utilizada sem nenhum bom senso, ou só para "matar" o tempo.

Na internet, encontram-se com facilidade imagens e informações que não acrescentam nada ao ser humano. Não só matam o tempo; matam também a capacidade de reagir à vida. Muitas vezes, a pessoa é aos poucos arrastada a viver na ilusão de uma vida que não é a dela e que não tem nenhuma relação com ela. Acontece, frequentemente, que aquilo que a pessoa mostra de si pelas mídias sociais não tem nada a ver com quem ela realmente é, ou com o que ela de fato está vivendo. O nome disso é alienação.

## Como receber sua cota diária de alegria e força

Alguém se torna alienado quando deixa o controle de sua vida nas mãos de outrem, perdendo liberdade e desviando-se das coisas essenciais. É por isso que o alienado acaba se sentindo sem rumo, perdido e sem sentido para viver. É muito fácil ser tragado pelo mundo virtual e se esquecer de investir na vida real. Mas, pouco a pouco, isso vai absorvendo a pessoa e destruindo sua capacidade de tomar iniciativas e reagir. O motivo pelo qual isso se dá é porque o mundo virtual estimula a imaginação, mas, geralmente, não supre as necessidades do coração.

Para não se alienar, é preciso arriscar-se a viver a vida real, por mais comum que ela possa parecer. Digo arriscar-se, porque a simplicidade parece ameaçar os planos "extraordinários" que temos. Só parece, mas não ameaça. Ter uma vida modesta nunca impediu ninguém de chegar à grandeza. Pelo contrário, é no cotidiano que o coração encontra o seu alimento e se revigora para dar conta dos grandes sonhos.

A fim de que nossa vida não seja fraca e sem graça, precisamos encontrar força nas coisas simples que nos cercam, coisas que passam muitas vezes despercebidas. Algumas pessoas, por exemplo, rezariam mais se tivessem ideia do poder de uma oração. Outra fonte inesgotável de força é ser leal a quem confia em nós, é honrar as próprias obrigações, é ser fiel aos pequenos deveres, e também valorizar as coisas simples e indispensáveis do dia a dia.

Ainda tenho muito que aprender, mas já vivi o suficiente para saber que não são os feitos extraordinários que nos levantam das nossas fraquezas, e sim os pequenos e modestos – como sentar-se ao lado de quem nos quer bem e simplesmente ficar ali, ou encontrar um amigo e compartilhar o que vimos de belo e triste naquele dia. Um olhar sincero e um sorriso alegre são modos de dizer "amo você" – algo tão singelo... Mas como faz bem receber olhares e sorrisos assim! São essas coisas que aquecem o coração e nos colocam novamente em pé depois das quedas.

Sua vida se torna bela, muito bela mesmo, e você se torna mais forte ao se dedicar com amor às pequenas e duras tarefas do seu dia a dia, quando se esforça para amar e perdoar quem o prejudica, quando pacientemente se empenha em aceitar e superar os problemas de sua família, quando não se revolta por ter uma vida simples, nada extraordinária. Uma pessoa se torna bela, forte e capaz de transformar tudo à sua volta quando para de pensar somente em si e começa a lutar pelo bem de todos, sobretudo dos mais necessitados e indefesos. Que tal correr o risco de uma vida simples, mas cheia de sentido?

## Desfrute a graça de hoje

Diz a Sagrada Escritura que belos são os pés da pessoa que caminha longas e difíceis distâncias para levar a felicidade e semear a paz. O tipo de pessoa mais bonita que existe é aquela que treinou para ser boa e levar o bem (cf. Is 52,7).

A vela precisa se consumir para brilhar. Para ter uma vida importante e bonita, uma vida que tenha sentido e ilumine, precisamos nos consumir pelo bem daqueles que Deus nos confiou. É provável que tenhamos que sacrificar inclusive alguns sonhos e abrir mão de alguns projetos pessoais para que o bem de todos seja priorizado. É, de certo modo, perder para que a família, o grupo e outros possam ganhar.

O mais importante é saber que não faremos isso sozinhos. Quando nos empenhamos para fazer o que é de Deus, podemos contar com a Sua ajuda mesmo nas menores coisas. "Estou contigo e te guardarei onde quer que vás... Nunca te abandonarei até que se cumpra o que te prometi" (Gn 28,15). Se aceitarmos ir com Jesus pelo caminho de uma vida aberta e cheia de amor, se fizermos esse caminho com humildade e confiança, podemos ter a certeza de que, aconteça o que acontecer, o Espírito Santo virá ao nosso encontro e nos sustentará.

Mas, enquanto vivermos a ilusão de que estamos neste mundo para "fazer" coisas, alcançar metas e realizar obras extraordinárias porque precisamos ostentar, vamos viver frustrados e insatisfeitos. Primeiro, porque a vida é feita sobretudo do que é simples e corriqueiro. Segundo, porque sempre haverá mais coisas a fazer do que as forças que temos para realizá-las. E, como o trabalho nunca acaba, quem vive para "fazer" coisas nunca sossega, não descansa e não desfruta a vida. Se você se torna conhecido por fazer coisas, sempre haverá alguém pronto a lhe passar uma tarefinha a mais.

Você só recebe sua cota diária de alegria e força quando para de jogar fora o momento presente, quando aprende a desfrutar do "agora" e aprende também a descobrir a presença de Deus nas coisas simples.

O Gênesis conta que, depois de trabalhar por seis dias e completar a sua obra, Deus viu que era tempo de descansar. Mas, não só. Era tempo de saborear tudo o que havia realizado. E, cheio de alegria, caminhava a exclamar: "Que beleza! Que coisa linda! Está tudo muito bom!". Então, aplaudia contente ao ouvir o canto dos passarinhos, ao ver o despejar das cachoeiras...: "Bravo! Perfeito!". Os textos não entram em detalhes, mas imagino que o Criador, amigo da vida, tenha encontrado grande satisfação na brisa da tarde, na maciez da relva, no cheiro do campo, na doçura do mel – se assim não fosse, por que teria Ele criado coisas tão fascinantes e prazerosas? Conheço muita gente que só não é feliz porque não aprendeu este segredo – que não fomos feitos apenas para trabalhar e que, depois de cada jornada, a ordem é aproveitar, desfrutar, alegrar-se, divertir-se e encontrar em tudo a presença amorosa do Criador. Não seria por desobedecer a essa ordem que hoje existem tantas pessoas doentes?

Você talvez se pergunte qual é o remédio que vai curar essa enfermidade chamada amargura, e arrancar essa sensação de ter desperdiçado vida... Não, você não irá encontrar esse remédio nas farmácias. As farmácias não sabem curar a alma. O antídoto que você procura não pode ser bebido nem injetado. Para curar o coração e expurgar o veneno que está acabando com a sua alegria, Jesus manda olhar os passarinhos e os campos verdes – e garante que o segredo para ser feliz é desfrutar um dia de cada vez, sabendo que o Criador cuida de tudo e de todos. Você precisa saber que Deus está cuidando de você.

Para viver bem, um dia de cada vez, Jesus dá a receita: ter a simplicidade das ervas dos campos, a despreocupação dos passarinhos e um coração de criança. São esses os antídotos capazes de neutralizar qualquer veneno que esteja matando você pouco a pouco.

Quem não tem coração de criança, por mais que tente, não consegue saborear as coisas do céu. As crianças sabem, por instinto, aquilo que os adultos esqueceram em meio a tantas preocupações: que a vida nos é dada para a alegria. Por isso, elas transformam tudo em brincadeira – para antecipar o céu – já que a vida de nada serve, se não for para trazer alegria!

Tenha coração de criança. Retome sua amizade com Deus e volte a rezar. Reaprenda a brincar! Faça experiências novas, diferentes e ricas. Torne seus dias deliciosos ao recheá-los com coisas boas! Combine seus trabalhos com outras atividades que você goste de fazer. Vença o mal com o bem. Para uma pessoa que o trate mal, cerque-se de duas, três, quatro... que o tratem bem. Encontre um tempinho para caminhar sem ter a obrigação de chegar a algum lugar específico, apenas pelo gosto de andar, ver as árvores, respirar ar fresco e tomar um pouco de sol... Isso vai lhe fazer bem, acredite em mim! Leia mais. Leia coisas bonitas e emocionantes – ler é um modo de fazer faxina na mente e no coração. Ouça boas músicas. Sorria muito. Cumprimente a todos com ternura. Converse com as pessoas com quem puder. E livre-se dos sentimentos de revolta. Eles só nos deixam azedos.

## Curar o passado para ser feliz agora

No momento em que paramos de nos revoltar com o que nos acontece e aceitamos as coisas como elas são, descobrimos que podemos tirar um bem de tudo o que nos ocorre. Percebemos que, em cada acontecimento, há uma comunicação, um ensinamento e uma graça de Deus para nós. Daí, os nossos olhos se abrem e podemos ver que, mesmo quando dura, a vida é bela. Começamos a ver que sempre estivemos cercados de belezas que o coração insensível não nos permitia perceber. No entanto, ficamos fascinados na medida em que esse mesmo coração se abre pela graça de Deus.

    Se passo a roupa, conserto a torneira da pia, atendo uma pessoa ou compareço a uma reunião considerando-as como um trabalho maçante e desagradável, do qual não tenho como me livrar, vou ficar irritado e desgastado. Mas, se compreendo que é exatamente isso o que devo fazer neste momento de agora; se compreendo que é por meio dessas coisas aparentemente pequenas e insignificantes que me ligo com Deus e com aqueles que eu amo, então paro de me angustiar e fico em paz – paro de escapar das responsabilidades e começo a saborear o momento presente, em vez de ficar me guardando para depois: "Tudo que fizerdes, fazei-o de coração, como para o Senhor e não para seres humanos, sabendo que é o Senhor que vos recompensará, fazendo de vós seus herdeiros. Ao Cristo e Senhor é que estais servindo" (Cl 3,23-24). A minha pressa acaba na medida em que compreendo que as pequenas obrigações não são estorvos, que estão me impedindo de viver, e que preciso urgentemente ultrapassar para chegar lá. Pelo contrário, existe um presente do céu, uma força, uma sabedoria, uma graça a receber em cada um desses momentos em que enfrentamos contas a pagar, compromissos a honrar, filhos a criar, atividades domésticas a fazer, distâncias a viajar, doentes a cuidar, pessoas inconvenientes que precisamos aguentar etc.

    A minha fonte inesgotável de força é a fidelidade ao que Deus me chamou a fazer, é a fidelidade à minha humilde missão, é florescer onde Deus me plantou. Só vou me sentir vivo se eu encontrar a Deus no que faço. Jesus empenhou toda a sua vida para nos provar isso. Ele contava suas histórias usando os exemplos simples de coisas que acontecem o dia inteiro. Fazia isso para mostrar que Deus está mais próximo do que imaginamos, que podemos encontrar Sua presença amiga em tudo o que fazemos e que nem mesmo os sofrimentos podem impedir que o Seu amor reine sobre nós.

Basta ler os quatro Evangelhos para perceber rapidamente que muitas de suas páginas retratam que a vida de Jesus foi marcada pelo trabalho e pelo sofrimento – desde o momento em que nasceu até a hora em que faleceu pregado numa cruz. O mais interessante é que Jesus teve inúmeras oportunidades de escapar da dor e da morte, mas Ele não fugiu. Pelo contrário, enfrentou-as como algo indispensável para cumprir a missão que recebeu. São João resume a vida de sofrimento de Jesus da seguinte maneira: "Antes da festa da Páscoa, sabendo Jesus que tinha chegado a sua hora – hora de passar deste mundo para o Pai – tendo amado os seus que estavam no mundo, amou-os até o fim" (Jo 13,1). Quem ama não foge, mesmo que isso lhe traga dor; não foge, mesmo em perigo de morte.

É curioso como o amor e o sofrimento caminham juntos. Enfrentar nossos sofrimentos com fé e grandeza de coração vai alargar nossa capacidade de amar e de ser feliz. Alguns imaginam que feliz é a pessoa que não sofre, mas isso é um engano assombroso. Não dá para viver neste mundo sem sofrer. Feliz é quem sabe lidar com a dor sem perder a fé. E isso é algo tão grandioso e desafiador que Jesus não pôde apenas dizer o que fazer nesta questão – Ele precisou vir mostrar como se faz.

Fugir das responsabilidades e sofrimentos inevitáveis nunca fez ninguém feliz, mas enfrentar as aflições com sabedoria e coragem tornará sua vida luminosa e abençoada.

Meus pais são pessoas boas e dedicadas, mas entraram no casamento sem ter ninguém que os orientasse. Isso fez com que sofressem muito e, consequentemente, nós, os filhos, também sofremos. Tínhamos dificuldades em nos comunicar, sofríamos por não saber demonstrar o amor que tínhamos uns pelos outros, enfrentamos a insegurança própria de pessoas simples a viver numa cidade grande, passamos por momentos de forte aperto financeiro, nada era fácil, mas, como o papai não tinha medo de trabalhar, nunca passamos fome. Lembro-me que vivíamos com o mínimo necessário e quase não saíamos de casa. E eu, como bom moleque que era, para não me sufocar com essa rotina, aprontava uma peripécia após a outra. Eu tinha muita energia, muita criatividade, e não sabia o que fazer com isso. 100% das surras que levei da minha mãe estavam divididas em três motivos apenas: fazer travessuras, brigar com minhas irmãs e responder mal aos meus pais. Tudo por causa de uma energia vital que não era canalizada. Sentia-me incompreendido, sufocado, e carregava a impressão de estar sempre no lugar errado.

Menino ativo, com uma mente inquieta, eu gostava de contar minhas ideias, dar opiniões, fazer críticas, e tinha também atitudes que deixavam meus pais e minha família em situação embaraçosa. Por volta dos treze anos, as dificuldades em nossos relacionamentos familiares aumentaram. Na minha maneira de ver, as coisas tinham de ser diferentes do modo como as vivíamos, e eu expressava isso constantemente. Por essa razão brigávamos, meus pais me repreendiam e mandavam que eu me calasse. Quando você não se sente compreendido dentro de sua própria família e se vê obrigado a guardar suas ideias, a suprimir seus sentimentos e a seguir um roteiro com o qual não se identifica, você começa a se amargurar e a duvidar de si mesmo. Como eu vivia insatisfeito, fui embora de casa definitivamente aos quinze anos de idade.

Naquela altura, apesar de tão jovem, eu carregava muitos sentimentos negativos, vivia triste, corroído pela solidão, estava com a autoestima despedaçada e convivia com o medo de fazer da minha vida um fracasso. Na primeira vez em que fui a um grupo de oração carismático, cheguei lá emocionalmente abalado, estava ferido e inseguro. Pois se eu não estava dando certo dentro de casa, como é que eu poderia dar certo fora dela?

Sentindo-me sem apoio e muito cobrado, acabei por me convencer de que não era amado, de que teria que me virar sozinho e, portanto, não poderia cometer nenhum erro ao fazer minhas escolhas. Havia um buraco afetivo em mim – era uma carência muito grande de amor, de reconhecimento e de aprovação. Isso doía tão forte que, quando podia, eu chorava escondido. Cheguei a imaginar que essa ferida nunca fosse fechar.

Hoje, posso compreender que qualquer menino no meu lugar teria sentimentos muito parecidos com os que tive. Pois as mágoas da infância e da adolescência são as mais difíceis de superar. Lançam raízes tão profundas que duvidamos poder arrancá-las um dia. Comigo também foi assim. Até que, numa certa noite, vivi uma experiência de oração que mudou essa história.

Naquela noite, uma luz se acendeu para mim, e aos poucos fui entendendo que as coisas que me magoavam só conseguiam me ferir porque, de certo modo, eu assim o permitia. Quando não sabemos lidar com os sofrimentos, ficamos desequilibrados e predispostos a desenvolver problemas emocionais.

Com Deus, eu pude recomeçar. Pude passar minha história a limpo. Permiti que o seu amor preenchesse meus vazios e curasse minha solidão. À medida que eu investia na minha vida de oração e me abria ao amor de Deus, constatei que o meu maior problema estava nas ideias equivocadas que eu cultivava – ideias de que eu não era amado, de que a minha vida não daria certo porque havia algo de errado comigo. Apesar do amor de meus pais, eu havia me sentido tolhido, rejeitado e humilhado. A minha autoestima estava muito prejudicada e, por isso, estava com dificuldades para acreditar em mim mesmo e descobrir meu potencial. Se não fosse por Deus, essa falta de confiança teria me paralisado e estragado uma boa parte da minha vida.

Sofremos muito quando, em vez de mudar certas mentalidades, tentamos nos ajustar a elas. São como roupas que não nos cabem e vão nos aleijando. Imagine que um homem experimente um terno feito sob medida e diga ao alfaiate:

— Nesta manga estão sobrando uns dez centímetros. Quero que você faça o ajuste!

O alfaiate sugere:

— Não. Dobre o cotovelo assim. Viu? A manga sobe.

O homem rebate:

— Sim, resolve a manga, mas veja como ficou a gola! Quando eu curvo o braço, a gola se torce, fica toda arrebitada e...

O alfaiate interrompe:

— Mesmo? Ponha a cabeça para o lado. E agora empine-a para trás. Ótimo.

O homem diz:

— Mas agora o ombro esquerdo ficou torto em relação ao direito. Está pelo menos uns cinco centímetros mais baixo!

O alfaiate arremata:

— Isso é fácil. Jogue a cintura para o lado esquerdo, que os ombros ficam iguais.

O homem sai da loja vestido com o terno. Traz o cotovelo direito dobrado e rotacionado para fora. A cabeça voltada para cima e jogada para trás. O corpo pendendo, inclinado para a direita. O único jeito que consegue caminhar é sacudindo-se todo, como se estivesse em meio a uma convulsão.

Então, duas senhoras passam por ele no momento em que sai da alfaiataria.

A primeira comenta:

— Coitado daquele aleijado! Fico agoniada só de ver. Dá até vontade de chorar.

Diz a segunda:

— É mesmo. Mas anote o telefone da loja, porque o alfaiate deve ser um gênio. Veja como o terno o veste com perfeição!

Sofremos e vivemos tristes, porque permitimos que façam da nossa vida uma roupa que não nos cabe, e vamos aceitando isso como se fosse o correto.

O Espírito Santo me deu condições para reagir e dar uma resposta muito superior aos condicionamentos que sofri. O que Ele me deu foi um sentimento diferente sobre a vida e sobre mim mesmo: "Se alguém está em Cristo, é criatura nova. O que era antigo passou, agora tudo é novo" (2Cor 5,17). A oração não mudou o meu passado, mas me tornou mais forte que ele, de modo que as mágoas de outrora não podem mais me oprimir e me entristecer com suas lembranças. Quando algo vem à tona e me causa um mal-estar, percebo que é indispensável continuar esse processo de cura interior que deve nos acompanhar a todos pelo resto de nossas vidas: "Por isso, não desanimamos. Mesmo se o nosso físico vá se arruinando, o nosso interior, pelo contrário, vai se renovando dia a dia" (2Cor 4,16). Então, pego aquele sentimento ou aquela recordação dolorosa e a apresento a Deus:

*Senhor, entrego-Te essa lembrança dolorosa, entrego-Te esse sentimento ruim, para serem curados por Ti. Obrigado, meu Deus, porque o Senhor tem poder de tirar um grande bem, mesmo das coisas que mais nos fazem sofrer. Amém.*

Quando Deus muda a nossa vida, já não sentimos necessidade de forçar os outros a mudar a deles. Começamos a aceitar nossa família como é – com suas belezas e sofrimentos. Já não há necessidade de revirar as histórias estragadas do passado, como quem remexe a lata do lixo. Se um dia tive medo de que minha vida não desse certo, hoje posso garantir que esse fantasma não me assombra mais, pois descobri que o que determina meu futuro não são as coisas que me aconteceram um dia, e sim as escolhas que eu faço agora, no presente.

Na verdade, aprendi uma grande lição: tudo isso me fez ver o que acontece com um garoto quando não se sente acolhido, compreendido e apoiado por aqueles em quem ele confia. Hoje, sinto uma grande alegria ao verificar que não havia nada de errado comigo ou com a minha família. Havia, sim, algo de errado com o nosso modo de ver a vida e de nos tratarmos uns aos outros.

O meu relacionamento com Deus me levou a compreender que aquelas minhas características, que muitas vezes causavam incômodo aos que conviviam comigo, nunca foram um mal, mas um bem. E aquele meu jeito de ser, que tanto me fez sofrer e apanhar, é atualmente uma capacidade que Deus aproveita para levar consolo e alegria a inúmeros corações necessitados. Eu não poderia ser quem sou se, antes, não fosse quem fui. Deus me ama do jeito que eu sou – e é assim que preciso aprender a me amar cada vez mais.

Sempre haverá o risco de sermos feridos pelas pessoas que amamos. Mas, pior do que correr esse risco, é abrir mão de viver, imaginando que assim podemos escapar da dor. Na verdade, o sofrimento e o amor estão ligados. Jesus deixou isso muito claro em atitudes e palavras: "Não existe amor maior do que aquele que dá a vida por seus amigos" (Jo 15,13). Não podemos amar uma pessoa sem abrir nosso coração a ela. Mas um coração aberto pode ser facilmente atingido e gravemente ferido. O último golpe que Jesus levou foi uma estocada no coração, para nos mostrar que o verdadeiro amor vai exigir de nós um coração acessível e disposição de ir ao extremo de dar a vida por quem amamos.

Talvez você já tenha se ferido por acreditar no amor. Talvez já tenha padecido demais nas mãos de pessoas que deveriam cuidar de você e protegê-lo; mas, em vez disso, usaram dessa proximidade afetiva para magoá-lo. Isso não quer dizer que sua vida está acabada e que você não possa ser feliz. Nem sempre podemos evitar o sofrimento, mas sempre podemos enfrentá-lo com coragem e superar a dor. A felicidade está exatamente nisso: na coragem de se levantar e lutar. Pode parecer pouco, mas não é. Ter atitude é determinante nesse processo.

A qualidade da nossa vida está intimamente ligada à qualidade do relacionamento que temos com as outras pessoas. Arrisca-se a viver quem se arrisca a amar, amar e amar... sempre de novo. Aquele que faz loucuras e experimenta todo tipo de desordens não está se arriscando a viver, e sim a morrer. Para ter uma vida boa, ame, ame muito. Ame a Deus. Ame a si mesmo e ame aos outros.

## As quatro regras de ouro para quem quer começar ou recomeçar bem

Quer começar bem? Quer tornar sua vida mais interessante e mais valorizada? Para conseguir essas coisas, você precisará seguir quatro regras:

## 1. Trate de valorizar a si mesmo e também as coisas que você faz

Sempre apresente sua vida a partir do positivo. Nunca a partir do negativo. Menosprezar a si mesmo não é sinal de humildade, e sim demonstração de baixa autoestima e insegurança. Isso só fará com que os outros também o menosprezem. Mostre sempre o que você tem de melhor, e faça isso com alegria e paixão. Abandone comentários do tipo: "Está dando tudo errado, nada do que tento funciona, sou apenas um motorista, não passo de uma dona de casa etc.". Em vez disso, diga: "As coisas estão caminhando e vão melhorar, tenho aprendido muito com as minhas tentativas, trabalho para um dos maiores serviços de transporte do mundo e aproximo as pessoas de seus objetivos, dedico meu tempo a educar meus filhos e a construir uma família mais sólida e feliz".

Se não der valor a quem você é, e se não aprender a ver com bons olhos as coisas que faz, ninguém o fará em seu lugar. Descubra seu principal talento. Identifique seu ponto forte e invista nele. Aos poucos, vá desenvolvendo também suas outras qualidades. Todo mundo se destacaria em alguma coisa se tivesse descoberto sua maior habilidade. Infelizmente, são muitos os que não se dedicam e acabam por serem bons em nada, enterrando o talento que Deus lhes deu. Portanto, descubra no que você é bom e invista nisso para valer. Uns se destacam pela inteligência, outros brilham por sua criatividade. E você?

## 2. Tenha mais confiança

Nosso companheiro mais leal nas horas difíceis é um coração forte e confiante. Torná-lo forte é a maior ajuda que você pode se dar. E quem se ajuda supera melhor as aflições. Não esmoreça diante das dificuldades, senão elas ficam mais difíceis. Elas são como um inimigo que nos bate com mais força quando a gente abaixa a cabeça e ameaça desistir. Podemos ser como aqueles que não sabem enfrentar os problemas e acabam por deixá-los duas vezes mais complicados de resolver... Ou podemos ser como aquelas pessoas que compensam a própria fraqueza usando de inteligência – onde não há saída, elas criam uma. Seja positivo. Fale das coisas que você espera realizar na vida com alegria e otimismo. Aja assim e verá que essa postura, além de causar uma boa impressão a seu respeito, fará com que as outras pessoas tenham prazer em estar com você e ouvir o que você diz. Seja simpático sempre, você só tem a ganhar com isso.

## 3. *Não reclame de nada nem de ninguém*

A reclamação sempre rebaixa o indivíduo que reclama. O hábito de criticar leva o criticador ao descrédito, pois gera a impressão de que faz isso por ser uma pessoa mal-amada, intratável e cheia de complexos de inferioridade. Em vez de conseguir aliados que se compadeçam, as murmurações acabam por levar os outros a enxergarem o murmurador como alguém de pouco valor – o que só o deixará mais triste e rancoroso.

Sempre há pessoas que esperam nos ver fragilizados pelos ataques de outros, a fim de se permitirem nos atacar também. Então, pare de dar dicas aos seus oponentes. Ainda que você não perceba, quando reclama das ofensas do passado, ensina aos seus adversários onde devem atingi-lo e incentiva para que o ofendam no futuro. Portanto, evite remoer as situações.

O mal de quem sempre reclama é que, querendo receber apoio e obter algum alívio para os seus desgostos, tudo o que consegue é ser visto como gente chata que deve ser evitada. Então, faça o inverso. Encontre o que elogiar em tudo e em todos. As pessoas gostam de ajudar quem reconhece, agradece e elogia. Ao falar bem daqueles que o socorreram no passado, você incentiva os que o ouvem a também lhe estenderem a mão. Contar para alguém que outra pessoa o tem ajudado e espalhar sua boa fama é garantir a quem ouve que você não se esquece de seus benfeitores. Elogie todo o bem que lhe fizerem e sempre haverá alguém pronto a acudi-lo. Uma pessoa inteligente não deve jamais divulgar as ofensas que tem recebido; deve contar a todos apenas a consideração e o carinho que os outros lhe têm demonstrado. É assim que conservamos os amigos e desanimamos os que querem nos prejudicar.

Por fim, se alguma pessoa puxar assunto a respeito de algum adversário seu, elogie o que ele tiver de bom. Se você não conseguir encontrar algo positivo para dizer sobre ele, então é melhor não dizer nada. Só não tente se promover destruindo a imagem dos outros.

## 4. *Faça tudo como se tudo dependesse de você, mas sabendo que depende de Deus*

Uma boa maneira de compreender essa regra é permitir que ela seja reforçada por este trecho da carta de São Paulo aos Coríntios: "Sendo seus colaboradores, exortamo-vos a não receberdes em vão a graça de Deus" (2Cor 6,1). Trata-se de uma palavra muito forte e direta para cada um de nós.

Receber em vão é receber para nada – é anular o que Deus faz, por não fazermos nossa parte. A fim de que as coisas corram bem, há sempre algo que fica em nossas mãos. Que algo é esse? Colaborar com Deus. Trabalhar junto, a favor, e não contra Ele. O único jeito de transformar a vida é fazer alguma coisa para que ela mude. Mas, se a pessoa não age, pouco adianta depois ficar se descabelando em meio a preocupações. Preocupação gera agitação, insegurança e ansiedade.

Não adianta se "pré-ocupar" com as consequências, se você não contar com a graça de Deus e não tomar iniciativa. Tem gente que, quando percebe que alguma coisa está em vias de dar errado, diz: "Não quero nem imaginar o que vai acontecer!". Seria bom se fizessem isso de verdade e não se gastassem a imaginar o pior. Do que adianta ficar imaginando fracassos e desgraças? Não adianta nada.

Quantas vezes você já se desgastou com problemas que, depois, pela graça de Deus, se resolveram? Quantas vezes também você tomou a decisão de agir sem a graça de Deus e logo viu que de nada adiantou? Portanto, entregue tudo nas mãos de Deus. Comece a contar com a graça de Deus. Isso só você pode fazer.

A nossa parte é colaborar com Deus. É fazer absolutamente tudo com Ele. E nada sem Ele. No momento em que você toma essa decisão, a graça de Deus passa a atuar na sua vida. Então, você passa a enxergar com os olhos de Deus. Começa a sentir com o coração Dele e, então, você ama com o amor de Deus. Mas, fora isso, a pessoa torna-se triste, fica angustiada e vive ansiosa.

Sem a graça de Deus, a gente fica insensível para o que presta e inclinado para o que não presta. Sem a graça de Deus, a gente olha para as situações da vida sempre de cabeça baixa. Por isso, a Palavra de Deus nos manda tomar posse da graça e "co-laborar" com Deus.

Diante de tudo o que lhe prostra, levante-se! Deus já ouviu você. Ele mesmo vem socorrê-lo. Ele está em seu favor hoje. Hoje é o dia!

Erga sua cabeça! A vida longe de Deus faz a gente olhar para baixo... Levante a cabeça! Anime-se! Coragem!

Você está com um problema muito sério? Então, levante a cabeça! Dê um jeito de se aprumar. Assim, você cria ao menos disposição interior para resolver a questão. O seu corpo segue o que você manda. Ou seja, cabeça baixa significa caminhar para a derrota. Pelo contrário, levante sua cabeça! Enfrente! Vai dar certo. Você vai conseguir. Nós somos um povo de vencedores e a graça de Deus nos favorece.

## Oração

*Meu Senhor e meu Deus, permita-me entrar em Tua presença e colocar em Tuas mãos a minha vida como ela se encontra neste momento. Preciso de Ti. Busco o socorro prometido em Tua Palavra: "O meu Deus suprirá todas as necessidades de vocês..." (cf. Fl 4,19).*

*A minha grande necessidade hoje, Senhor, é retomar a minha vida. Admito que me perdi em meio a tantas ilusões e projetos vazios, que só me fizeram desperdiçar tempo e energia. Confesso que fui seduzido a fazer coisas que me encheram de um ativismo sem sentido. E eu simplesmente fui me deixando levar, quando deveria ter lutado até ao sangue por aquilo em que acredito.*

*Senhor, eu me arrependo do fundo do coração por isso.*

*Contudo, agora eu Te suplico: ajuda-me! Pois eu não aguento mais levar uma vida tão pesada, sufocante e sem direção. O Senhor me libertou para que eu seja livre. O Senhor veio para que eu tivesse uma vida transbordante. Então, mostra-me como mudar essa situação. O Senhor veio procurar e salvar aquele que está perdido. É assim que me sinto muitas vezes: perdido. Pelo Teu Santo sangue, salva-me!*

*Senhor Jesus, peço-Te: perdoa-me por ter desperdiçado tanto tempo e tantas oportunidades de viver melhor, perdoa-me por ter economizado amor e atenção ao meu próximo, por ter me acovardado e desistido, antes mesmo de tentar fazer o bem.*

*Quero converter-me da minha atitude mesquinha, da minha vida demasiadamente agarrada a tantas falsas seguranças, dos meus pensamentos medrosos e egoístas, das desculpas que arrumei para não me arriscar a viver de verdade. Sei que isso entristeceu não somente a Ti, Senhor, mas também aqueles que convivem comigo.*

*Quero romper com todas as ideias e sentimentos que me impedem de viver segundo o Teu plano de amor para mim. Renuncio a todos os desvios, distrações, mentiras e seduções que me foram tirando da Tua vontade e da missão de vida que tens para mim.*

*Eu renuncio a todo espírito de negativismo, a todo sentimento de desamor e descrédito de mim mesmo. Quero ir na direção oposta dos erros que cometi, e não permito mais que o Tentador me instigue a uma vida afastada da graça de Deus.*

*Meu Senhor e Deus amado, que pela cruz e pelo sangue libertou-me, ajoelho-me em Tua presença para proclamar: eu creio firmemente que o Teu precioso sangue já me libertou de tudo o que amarrava minha vida – meus pecados, meus vícios e toda influência diabólica. O Teu sangue redentor me protege de todo mal – do mal que eu mesmo me causo, mas também do mal que me é causado pelo espírito das trevas. Eu invoco o poder salvador de Teu sangue, Senhor, e declaro que, de agora em diante, ele me cobrirá e protegerá dos ataques das forças espirituais do mal.*

*Senhor Jesus Cristo, eu Te reconheço como meu redentor, e hoje entrego mais uma vez a minha vida a Ti.*

*A partir de agora, quero conduzir minha vida com sabedoria e coragem. Que todos possam ver a grandeza da Tua força pelo milagre de transformação que estás realizando em mim! Quero prosseguir assim, até que a Tua vitória seja completa em minha vida.*

*Eu tenho plena convicção de que o Teu sangue me salvou da astúcia diabólica, e que esse mesmo sangue rompeu todas as correntes do pecado que me impediam de progredir e prosperar. Dessa vitória eu não abro mão. Vou segurá-la com firmeza até o fim. Eu sei que o Senhor me ama e me favorece, sei que o Senhor manifestará sua vitória em mim, a fim de que todo o meu ser seja um testemunho vivo do que o Senhor faz em favor daqueles que recorrem ao teu auxílio. Amém.*

# Faça dar certo

O DIA DE HOJE NÃO se estraga, nem se acerta sozinho. Para que as coisas deem certo, é preciso fazê-las dar certo. Portanto, o seu dia depende do que você decide fazer com ele. E Deus respeita isso – tanto que suas promessas se cumprem para uma pessoa na medida em que ela reage, toma postura e faz a parte que lhe cabe. Em termos pessoais, isso significa que, para entrar em meu coração e transformar a minha vida, a graça de Deus depende de mim.

A Bíblia narra um episódio magnífico que retrata isso muito bem.

Deus havia prometido aos israelitas que lhes daria uma terra fértil e generosa onde pudessem viver em paz, sem passar necessidades e criar os filhos em segurança. Quando lá chegaram, o lugar estava ocupado. Mesmo sendo uma promessa de Deus, eles teriam que conquistá-la. Para tanto, o Senhor deu a Moisés a seguinte orientação: "Envia alguns homens para fazer reconhecimento da terra de Canaã, que vou dar aos israelitas" (Nm 13,2).

Mas, ao retornar, eles contaram o seguinte:

> "Entramos na terra à qual nos enviastes. De fato, é uma terra onde corre leite e mel, como se pode ver por estes frutos que trouxemos. Porém, o povo que vive nessa terra é muito forte. As cidades são fortificadas e enormes. Vimos ali descendentes de Enac. Os amalecitas vivem na região do deserto do Negueb. Os heteus, os jebuseus e amorreus, na parte montanhosa; os cananeus na costa marítima e ao longo do Jordão".

Então Caleb, para acalmar o povo revoltado contra Moisés, disse: "Vamos subir e conquistar a terra, pois somos capazes de fazê-lo". Mas os homens que haviam subido com Ele disseram: "Não podemos enfrentar esse povo, porque é mais forte do que nós". E puseram-se a fazer comentários negativos diante dos israelitas sobre a terra que haviam explorado, dizendo: "A terra que fomos reconhecer é uma terra que devora seus habitantes, e toda gente que aí vimos é de estatura extraordinária. Lá vimos até gigantes, os descendentes de Enac, da raça dos gigantes. Comparados com eles, parecíamos gafanhotos; e era assim que eles nos viam". (cf. Nm 13,27-33)

Caleb tinha visto as mesmas coisas que esses homens, mas suas histórias não batem. Por quê? Porque a diferença não está na situação, e sim em quem a enfrenta. Essa Palavra nos mostra, há mais ou menos 2.500 anos, o retrato de uma pessoa sem fé diante de um problema. Quando uma pessoa não tem confiança em Deus, ela é capaz de usar a sua percepção e a sua visão da vida para desanimar os outros.

Esses homens eram batedores profissionais. Era função do batedor ir à frente da caravana, do exército ou do grupo para "bater caminho", ou seja, ele devia desbravá-lo e investigá-lo com o objetivo de descobrir suas vantagens, perigos, se estava livre ou se abrigava inimigos etc. Os batedores eram guerreiros habilidosos. Nesse caso em particular, eram os chefes dos vários grupos (cf. Nm 13,2). Não se tratava de gente desqualificada. Poderiam ter animado a fé do povo, mas como só tinham olhos para si mesmos – e estavam condicionados a esperar pelo pior, devido ao tempo que passaram como escravos – em vez disso, esparramaram a confusão e o desânimo na multidão.

Mesmo tendo saído da escravidão que sofreram no Egito, esses homens não eram livres. Eles tiveram a chance de ajudar seu povo, mas entraram para a História como gente pessimista e covarde. Tanto que, se você verificar, vai encontrar o nome de cada um deles nos versículos do 4 ao 16 – a Bíblia fez questão de registrar essa informação.

A falta de fé faz isso com a gente – põe ideias em nossa cabeça que nos acovardam: "Ah! Eu não posso lidar com isso... Eu não posso enfrentar esse problema... Isso é mais forte que eu...".

Isso se dá porque a falta de fé me convence de grandes mentiras. E a primeira grande mentira que ela provoca é a de que nós não somos capazes, de que somos menores do que os nossos problemas, de que somos muito fraquinhos, tais quais um inseto.

A falta de fé vai nos reduzindo – a nossa cabeça, nosso coração, nossa consciência, nossa vontade, nossa decisão vão se apequenando. Faz minguar o que é bom, ao mesmo tempo em que faz crescer o que não presta. A falta de confiança em Deus faz crescer o medo, os complexos de inferioridade, o pessimismo, e nos leva a superestimar os problemas. Ela nos esconde atrás da desculpa de que estamos sendo realistas, cautelosos, e vai sabotando as nossas forças. Então, nossa perseverança enfraquece e percebemos que nossa vida fica amarrada. Não deslancha mais.

Para mudar esse quadro, são necessárias duas coisas: a primeira é uma decisão de não se deixar derrotar, uma decisão firme, treinada dia após dia. A segunda, e mais importante, é a graça de Deus. Temos que partir da graça de Deus, contar com ela, e nada fazer sem ela. Tem que haver decisão nossa. Precisamos entrar com a nossa parte para colaborar, mas jamais esquecer que a vitória só acontecerá por graça de Deus.

Como é triste quando a falta de fé domina alguém! Uma vez dominada, a pessoa se torna capaz de desanimar um povo inteiro, mas é incapaz de animar a si mesma.

Onde não há fé, quem domina é o medo. E, por medo de lutar, aqueles israelitas que se acovardaram viram gigantes, enquanto Josué e Caleb viram a Deus. O desesperado só enxerga problemas, mas quem tem fé consegue encontrar a Deus e Nele se apoiar. Os que duvidam dizem: "Não poderemos enfrentar esse problema, porque ele é mais forte que nós", mas os que confiam dizem: "Vamos lá, vamos enfrentar e lutar! Vai dar certo! Com a graça de Deus, nós somos capazes de conquistar essa vitória hoje".

Os gigantes representam para nós as grandes dificuldades. E os gigantes estão em toda parte: em casa, na igreja, no trabalho e até em nosso próprio coração. Ou nós os vencemos, ou eles nos devorarão, exatamente como os medrosos disseram a respeito dos gigantes de Canaã.

É a fé que nos faz andar na contramão da covardia.

Quem confia em Deus nunca desiste por causa de medo. Josué e Caleb não se intimidaram: "Deus nos quer bem. Ele está conosco. Vamos enfrentar essa dificuldade, pois nós podemos devorá-la como se fosse um pedaço de pão" (cf. Nm 14,9). Ou seja, com Deus, esta vitória já está garantida, e ainda será como um alimento que nos torna mais fortes. Vencendo, ficaremos mais fortes do que se não houvesse esses gigantes a enfrentar.

Agora, se entrarmos no combate sem a convicção de que Deus é por nós, vamos ser mastigados, devorados e consumidos pelos gigantes que todos os dias nos aparecem pela frente.

Hoje, o Espírito Santo quer nos dar uma fé como a que havia em Josué e em Caleb. Temos que nos concentrar na força do Espírito Santo que Deus nos dá, e não nos gigantes. O Senhor tomará conta de nossas dificuldades.

Não se engane: é quando nos encontramos no caminho certo que os obstáculos aparecem. Note o seguinte: foi quando Israel avançou que os gigantes surgiram. Mas quando recuaram para o deserto, não toparam com nenhum.

Quantas vezes você toma a decisão de fazer algo bom e agir de maneira correta e, de repente, se vê bloqueado pela timidez e o medo de ser rejeitado pelas pessoas? Outras vezes, o gigante que o desafia é convencer alguém a deixar o mal e a mudar de vida, mas a pessoa não se move e você se percebe impotente para continuar. Também há aquelas horas em que surge repentinamente a sensação de que você não recebeu todo o amor de que precisa para ser feliz e se sente paralisado. São os gigantes interiores que temos de enfrentar. É fato: ou lutamos contra eles ou eles nos engolem. É o que o pecado faz com a gente e com tantos que nós conhecemos.

De vez em quando, a gente encontra um patrão, um chefe, um pai de família, um líder que manda em tanta gente, mas no fundo é um fraco, descontrolado, incapaz de dominar a própria vontade. Como não controla o próprio temperamento, é escravo das aparências, dominado pelos vícios e arrastado pela bajulação. Quem não se domina acaba, muitas vezes, dominado pela própria violência, e faz o mal que não quer – tal como uma pessoa que não quer fazer barbaridades quando está drogada, mas comete crimes hediondos dominada pelo vício.

Drogado, um pai começou a estrangular seu filho, um bebezinho, pensando que fosse um rato. Entrou em pânico quando voltou a si e percebeu que quase havia matado o bebê. Sua esposa, que o amava, teve medo que ele tivesse outra alucinação semelhante e, pela segurança da criança, separou-se dele. Vemos constantemente nos noticiários, jovens que matam pessoas de bem, trabalhadoras, por um dinheiro com o qual não dá para comprar meio quilo de carne. Fazem isso para ter droga.

Quantos relatos de pessoas que foram se desviando cada vez mais e afundaram no desespero, na falta de sentido e no desequilíbrio ao ponto de assassinar o pai, a mãe; de cometer crimes bárbaros como estupros, violências, roubos, sequestros e tantas outras coisas absurdas!

Quando a pessoa é viciada em si mesma, quando ela se torna incapaz de ouvir a voz do bom senso, quando se torna obstinada em suas vontades, ela é capaz de fazer coisas terríveis.

Contudo, o pior é quando ela fecha seu coração para Deus – esse é o pior de todos os vícios e de todas as dependências. Porque, enquanto a obstinação for pelo álcool, pelo cigarro ou pela mentira, há sempre a chance de alguém notar e chamar a atenção para reencaminhá-la. Mas, quando eu deixo de ouvir a voz de Deus para ouvir a voz do mal dentro de mim, quando eu dou espaço para a tentação, ela vai pouco a pouco tomando conta da minha vida e me derrotando, fazendo de mim um fracassado.

A dureza do coração do ser humano tira de Deus a oportunidade de fazê-lo vencer. Veja que triste! Veja a situação do ser humano quando não permite que a voz de Deus fale em seu coração! É derrotado antes de tentar: "'Não podemos enfrentar esse povo, porque é mais forte do que nós'. E puseram-se a fazer comentários negativos". (Nm 13,31-32).

Quanta gente teria se dado bem na vida se tivesse buscado a própria cura interior, mas tornou-se prisioneira do medo, por cultivar as feridas das experiências negativas! E, com medo de enfrentar os problemas e as pessoas, tornou-se especialista em desistir e fazer comentários negativos, acusações, críticas azedas e fofocas. Quem tem o coração estragado torna-se especialista em falar mal dos outros.

Um homem que não alimenta sua amizade com Deus pode ser um chefe, pode ser habilidoso e ter força, mas não tem poder algum. Pode dominar os outros mas, no fundo, é um fraco, porque não tem controle sobre si mesmo. Acha que é rico, mas é tão pobre que a única coisa que tem é dinheiro, mais nada.

No entanto, em Caleb, podemos constatar que o contrário também é verdadeiro: "O Senhor nos quer bem e nos fará vencer. Ele está conosco. Não tenham medo" (cf. Nm 14,8-9). Com Deus, nossa fraqueza se converte em força e o que era pecado se converte em uma oportunidade de experimentar perdão, misericórdia e graça. Portanto, aproxime-se de Deus. E, se você já é próximo, achegue-se ainda mais. Reconcilie-se com Ele. Sua felicidade depende disso.

Então, não só o seu dia, mas tudo em sua vida vai se acertar. "Para quem teme o Senhor, tudo acabará bem." (Eclo 1,13).

Aceite o perdão. O Pai do Céu ama você. Ele quer o seu bem, quer a sua salvação.

E fique atento! Pois nessa hora em que Deus se revela em nosso favor, a tentação se apresenta a cada um de nós como um gigante. Quer nos intimidar, quer nos fazer duvidar e nos sussurra ao ouvido: "Você acha que é fácil assim? Acha que rezar mais ou acreditar nessas coisas vai trazer felicidade para você? Olhe para a sua vida! Olhe para a sua dor! O tempo está voando... e cadê suas realizações?".

Nesse momento em que você decide parar para pensar o seu dia e fazer com que ele dê certo; nesse momento em que você decide suplicar o socorro infalível de Deus para reconhecer a vitória que está chegando, para celebrar que o Espírito Santo está vencendo, expulsando o mal, cercando de proteção a sua vida e plantando o Céu dentro em seu coração; o maligno se levanta para dizer que não vai funcionar, que somos insetos insignificantes e que ele vai nos esmagar. Mentindo, ele grita que nada vai dar certo; porque ele sabe que a única coisa que ainda lhe resta é enganar você.

Ele está furioso e angustiado, porque toda vez que você diz: "Com Deus, eu posso. Errei, mas Deus me perdoa. Com o Espírito

Santo, eu vou recomeçar. Vou tentar de novo", você faz como Nossa Senhora, você pisa na cabeça do inimigo e a esmaga.

Quanto mais frágil; quanto mais sofrido e humanamente derrotado você se sente quando diz "Eu vou voltar para Deus", com mais força a sua oração sobe ao Céu e, como um raio, arrebenta as cadeias das trevas que o amarravam.

Diante do cansaço e do desânimo daquela gente, Caleb bradou: "Vamos! Vai dar certo! A gente vai conseguir!". A mesma coisa o Espírito Santo repete a cada um de nós: "Vamos! Vai dar certo. Nós vamos conseguir!". Ele diz "nós", porque Deus não vai deixar você sozinho. Como eu e você também não podemos deixar Deus lutar sozinho por nós.

Reconcilie-se com Deus. É o primeiro passo para ter paz, ser feliz e mudar os rumos da sua vida.

Em Jesus, foi concedida até mesmo à pessoa que se sente mais derrotada, cansada e sem rumo a possibilidade de também ela sair vencedora. Reconciliados com Deus, unidos a Ele, contando com Ele, nós vamos vencer!

Vai dar certo!

# Oração

*A presença de Deus está aqui comigo agora. Sua força me restaura. Seu calor me enche de cura e salvação. Com seu Espírito Santo, o Senhor Deus me cerca de cuidado por todos os lados. Seu braço poderoso me defende. De pé ao meu lado, o Senhor Deus me guarda. Nunca vou só, pois comigo Ele está.*

*Meu Senhor Jesus, sei que, ferido, nunca conseguirei realizar bem minha missão. Ferido, eu não conseguirei fazer com que as coisas deem certo. Por isso, eu peço agora que o Senhor cure meu interior. Peço-Te pelo meu coração machucado. As marcas dos meus erros e pecados recaem sobre ele. É por isso que, muitas vezes, carrego sentimentos de raiva, vingança, impaciência e nervosismo. Eu me acostumei a pensar mal, a sentir mal e a agir mal. São coisas que foram se incutindo em mim e, agora, tenho dificuldade para amar as pessoas. Meu coração guarda mágoas. Foram tantas experiências dolorosas, que desaprendi a confiar nos outros. Cura minha alma, Jesus!*

*O Senhor pode apagar essas marcas que foram impregnando o mais íntimo do meu ser. Penetra com o Teu Espírito Santo nas profundezas do meu coração, para que ele não seja dominado pela frieza e pela escuridão. Com o calor do Teu amor, vasculha o mais fundo da minha alma para libertar-me dos apegos que me adoecem e me fazem viver com medo. Toca-me para que meu íntimo se abra mais e mais ao Teu Espírito de amor. Ajuda-me a ter fé, a confiar mais em Ti e a acreditar em Tua Palavra.*

*Jesus, cura-me dos desgostos que adoeceram minhas emoções. Cura em mim a raiz de meus sentimentos negativos. Cura-me também desses sofrimentos que brotaram de minhas experiências fracassadas e se alimentaram de meus sonhos que não se realizaram. Ilumina os cantos obscuros da minha alma, dissipa as trevas que envolvem meus pensamentos, meus sentimentos e a minha vontade. Senhor, sobre aquelas feridas que se encontram nas áreas mais escondidas do meu coração, onde só Tu podes alcançar, derrama ali o bálsamo do Teu Espírito e sara-me.*

*Tua Palavra assegura que, em nome de Cristo, podemos destruir todo pensamento que nos oprime (cf. 2Cor 10,5). Em nome de Jesus Cristo, eu tomo autoridade sobre todo pensamento que me perturba e o despedaço. Eu deposito aos pés da cruz toda opressão que pairava sobre mim, para que seja aniquilada.*

*Pai amado, em nome de Jesus Cristo, muda o meu coração e faz de mim uma pessoa nova pelo poder do Teu Espírito Santo e da Tua Palavra. Que só permaneça em mim o que é bom, o que é santo, o que é de Deus. Só pensamentos bons ocupem a minha mente. Só sentimentos bons preencham meu interior.*

*Que Tua alegria, que é a nossa força, conceda-me um coração e uma mente fortes, capazes de resistir às investidas do demônio e de exorcizá-lo. Peço não só por mim, mas pelos meus familiares e amigos que também sofrem, espiritualmente enfermos e acabrunhados por inúmeros males. Desafoga, Senhor, aqueles que se veem esmagados pelos problemas e se sentem impotentes por causa de alguma enfermidade espiritual.*

*Quebra toda e qualquer maldição que pese sobre nossa família. Que palavras, sentimentos, desejos ou práticas que tenham por finalidade impedir que as coisas deem certo para nossa família não alcancem os nossos filhos e muito menos os prejudiquem.*

*Espírito Santo, em nome de Jesus, liberta-nos do mal da depressão. Expulsa para longe de nós todo espírito de covardia, medos, terrores infundados, perturbação nervosa e doenças da mente.*

*Quantas pessoas em nossos lares estão esgotadas sob o fardo do fracasso em seus relacionamentos, no trabalho, nos estudos, no casamento, sentindo-se incapazes de avançar com a própria vida! Liberta-as dessa opressão! Livra-as dos pensamentos vexatórios que as torturam incessantemente. E todos aqueles que estão atormentados pela ideia de suicídio, pelo desejo de morrer, em nome de Jesus, liberta-os neste momento.*

*Jesus, toma posse de nosso coração! Com Teu Espírito, exerce sobre nós Teu senhorio! Tu és o nosso único dono. És o único Senhor de nossa alma! Unge, com Teu sangue salvador, aquelas pessoas de nossa família e de nosso círculo de amizades que foram feridas pela escuridão e pela morte espiritual ao se entregarem à prática do ocultismo e ao se envol-*

*verem com as forças espirituais do mal. Tu podes libertá-las. Dá-lhes agora a libertação e a salvação.*

*Ó Maria, que esmagas a cabeça da serpente, intercede por nós e protege-nos.*

# Inveja, crítica e desamor

*Sim, irmãos, fostes chamados para a liberdade. Porém, não façais da liberdade um pretexto para servirdes à carne. Pelo contrário, fazei-vos servos uns dos outros, pelo amor. Toda a lei se resume neste único mandamento: "Amarás o teu próximo como a ti mesmo". Mas se vos mordeis e vos devorais uns aos outros, cuidado para não serdes consumidos uns pelos outros! Eu vos exorto: deixai-vos sempre guiar pelo Espírito, e nunca satisfaçais o desejo da carne. Pois o que a carne deseja é contra o Espírito, e o que o Espírito deseja é contra a carne: são o oposto um do outro, e por isso nem sempre fazeis o que gostaríeis de fazer. Se, porém, sois conduzidos pelo Espírito, então não estais sob o jugo da Lei. São bem conhecidas as obras da carne: imoralidade sexual, impureza, devassidão, idolatria, feitiçaria, inimizades, contendas, ciúmes, iras, intrigas, discórdias, facções, invejas, bebedeiras, orgias e outras coisas semelhantes. Eu vos previno, como aliás já o fiz: os que praticam essas coisas não herdarão o reino de Deus. O fruto do Espírito, porém, é: amor, alegria, paz, paciência, amabilidade, bondade, lealdade, mansidão, domínio próprio. Contra essas coisas não existe lei. Os que pertencem a Jesus Cristo crucificaram a carne com suas paixões e desejos. Se vivemos pelo Espírito, procedamos também de acordo com o Espírito. Não busquemos a vanglória, provocando-nos ou invejando-nos uns aos outros. (Gl 5,13-26)*

SE QUEREMOS TER RELACIONAMENTOS melhores, inclusive, se queremos tornar a nossa vida melhor, precisamos dar atenção a esse ensinamento importantíssimo de Paulo: "Não busquemos a vanglória, provocando-nos ou invejando-nos uns aos outros".

Como é importante aplicar essa palavra aos que estão mais próximos de nós, aplicá-la a quem vive conosco dentro da nossa casa ou a quem frequenta o ambiente em que passamos a maior parte do nosso dia, como salas de aula ou locais de trabalho! Pois há muitas pessoas que, se descontarmos o tempo em que elas estão dormindo, passam mais horas nos ambientes de trabalho do que dentro do próprio lar. Portanto, essa palavra precisa ser aplicada concretamente onde passamos o nosso dia.

Nem é preciso explicar aqui o que é provocar alguém, porque todos nós estamos mais do que treinados nessa matéria e sabemos muito bem o que é ser provocado. Sabemos também o que é provocar o outro para irritá-lo.

Mas, no que toca à inveja, cabe aqui um esclarecimento. Inveja não é você querer estar no lugar da outra pessoa ou possuir as coisas que ela tem. Esse tipo de atitude possui outro nome, é cobiça. Inveja é você querer que o outro não seja feliz. É querer que o outro não tenha, não vença, não se realize na vida.

O invejoso sofre não porque a outra pessoa é dona de alguma coisa que ele gostaria de ter, e sim por causa da alegria que a pessoa sente com aquilo que ela é, tem ou faz. Sendo assim, um homem pode ser muito rico e invejar outro que tem bem menos que ele.

Alguns pensam: "Mas, se eu for rico em dinheiro e bens, poderei ter tudo o que aquela pessoa pobre tem e ainda muito mais. Se ela possui algo em nível material que eu quero e não tenho, eu posso comprar, já que disponho de mais dinheiro que ela. Então, como pode um rico ter inveja de um pobre?".

Isso pode acontecer porque a inveja não nasce do que o outro possui, e sim da felicidade que ele experimenta. Não se invejam os bens, inveja-se a satisfação do outro. Inclusive, o invejoso não consegue compreender como algumas pessoas conseguem ser felizes com tão pouco.

A inveja é terrível, é uma coisa diabólica. Por causa dela, a gente corre o risco de, dentro de casa, não permitir ao outro ser feliz. A pessoa chega alegre, contente, feliz da vida, e o invejoso dá um jeito de estragar o dia dela. Ele arruma um modo de sabotar o que está dando certo. É mestre em jogar areia nas engrenagens da vida das pessoas. Pensa: "Fulano está feliz demais! E essa felicidade toda está me incomodando. Vou dar um jeito de acabar com isso". Às vezes, até comenta com quem está perto: "Fulano está muito alterado. Está saliente demais! Já, já, eu o ponho no lugar dele!". O invejoso recebe o sucesso do outro como uma ofensa pessoal. Que coisa vergonhosa e humilhante essa mania de ficarmos tristes, quando alguém realiza uma conquista ou obtém uma vitória!

Quando não somos pessoas resolvidas em nosso íntimo, temos dificuldade de aplaudir e apoiar as pessoas à nossa volta. Em vez disso, ficamos nos comparando a este ou àquele, e nos amargurando porque alguém do nosso convívio se sente realizado e nós, não.

A inveja nasce assim, da comparação – o que é muito triste, porque às vezes a pessoa que invejamos é alguém que deveria ser querido, cuidado e amado por nós. Porém, nós queremos o bem dela muito menos do que queremos o nosso próprio bem. Nós a amamos; desde que ela não venha com os seus sucessos ameaçar o nosso amor-próprio. Se não for assim, a inveja queima na alma e nos incita a prejudicar a pessoa pela tentativa desesperada de nos colocarmos sempre acima dela. É lamentável!

Para não cairmos nessa armadilha, a Palavra de Deus nos alerta: "você pode fazer o que quiser; você foi chamado para a liberdade, porém, não faça disso um pretexto para fazer o mal, um pretexto para servir à carne".

No versículo 19, Paulo apresenta os frutos envenenados que brotam ao abusarmos da nossa liberdade, e adianta que esses frutos são bem conhecidos por nós. Portanto, repito o alerta feito pelo apóstolo: você pode fazer o que quiser; mas não use sua liberdade para fazer o que não presta! Para que não haja dúvidas sobre que tipos de coisas não prestam, Paulo faz uma lista: a imoralidade sexual, a impureza, a devassidão, a idolatria, a feitiçaria, a inimizade, as contendas, os ciúmes, a ira, as intrigas, as discórdias, as facções, as invejas, as bebedeiras, as orgias e outras coisas semelhantes. Tudo isso é contrário ao amor. Quem se dá a essas práticas não está amando. Quem age assim instrumentaliza o outro, usa as outras pessoas, mas não as ama, e faz o mal contra quem lhe é próximo.

Para sermos felizes, nossa orientação precisa ser sempre contrária a tudo o que é mau: "Fazei-vos servos uns dos outros pelo amor, pois toda a lei se resume neste único mandamento: amarás o teu próximo como a ti mesmo". E prossegue com um comentário magnífico: "mas se vos mordeis e vos devorais uns aos outros, cuidado para não serdes consumidos uns pelos outros".

Nós vamos nos mordendo, devorando e consumindo uns aos outros, a começar pelas críticas doentias, pelas ironias picantes, pelas palavras ácidas que lançamos sobre alguém quando não somos capazes de suportar sua felicidade, ou quando essa pessoa não aceita ser do que jeito que queremos que ela seja. Como é forte essa tendência de castigar quem frustra nossas expectativas e não aceita fazer o papel que lhe determinamos!

Coisa interessante: não queremos que ninguém decida por nós, temos aversão de que outros nos controlem; mas, muitas vezes, guiados por impulsos egoístas, nós queremos controlar a vida dos outros. E uma das armas mais utilizadas para alcançar esse objetivo são as críticas mordazes – são chamadas assim porque apontam defeitos, dizem mal das pessoas, depreciam, censuram, ridicularizam. É um tipo de crítica que arranca pedaços de nossos sentimentos.

A cada dia que passa, eu me convenço de uma coisa: quem ama não critica. A mulher que ama o marido não desperdiça o próprio tempo a acusá-lo. O filho que ama o pai não fala mal dele. Uma mãe não fica ridicularizando a filha quando a ama. Temos que lembrar o seguinte: as pessoas que nós amamos já contam com gente suficiente neste mundo para apontar seus defeitos e censurá-las. Não é preciso que nós também façamos isso.

Aliás, o gosto por ocupar-se com os aspectos negativos da vida alheia é um forte indicativo de que a pessoa precisa se rever. Pois o tempo que eu gasto criticando os outros é um tempo perdido, em que eu não produzo nada. Em suma, tem muita gente que seria mais feliz se cuidasse da própria vida, em vez de procurar desmerecer a dos outros. É notório: quem sabe, faz; quem não sabe, critica.

Acontece como na fábula:

> Um lagarto costumava matar a sede numa fonte de água cristalina. Mas uma serpente tinha feito seu ninho junto dela e decidiu proibi-lo de frequentar a nascente:
> – Agora, quem manda aqui sou eu. Faça como os ratos: procure outro lugar.
> A briga foi tal, que decidiram passar das ameaças à pancadaria, e marcaram uma data para o confronto. Chegado o dia da luta, os ratos, que também tinham sido expulsos, foram até o lagarto para incentivá-lo; e garantiram que se uniriam a ele para juntos enfrentarem a serpente. Começou o combate. Enquanto o lagarto se atracava com a cobra, os ratos faziam uma barulheira terrível: discutiam os golpes do seu aliado e criticavam seus ataques, numa guincharia que não acabava mais. O que, de fato, conseguiram com isso foi desanimar o lagarto e prevenir a serpente:
> – Não acredito que ele vai atacar pela direita outra vez! Olha lá! Que estúpido!

Tendo vencido a batalha, o lagarto, indignado, partiu para cima dos ratos: "Vocês me deram sua palavra de que a atacariam ao meu lado. Em vez disso, nada fizeram, além de guinchar críticas contra mim!".

"Mas foram críticas construtivas, companheiro", eles responderam, "é apontando os erros e as fraquezas que nós ajudamos nossos parceiros".

Há três verdades preciosas nessa história. A primeira é que palavras não adiantam, quando o que se precisa é de atitudes. A segunda é que palavras negativas, por mais bem-intencionadas que sejam, desanimam a pessoa criticada e encorajam seus adversários a atacá-la. E a terceira é que, em geral, os que menos se dedicam a "fazer" são os mais empenhados em "criticar".

Quem sabe fazer não critica; mostra como se faz. Quem é bom no que faz, ensina quem não sabe fazer; e não o ridiculariza por isso. O crítico se limita a apontar deficiências e falhas, mas o mestre é quem, pacientemente, ensina a superá-las.

Em face dessa palavra, é bom que eu me pergunte de vez em quando: "Que tipo de pessoa sou eu em minha casa, em meu trabalho, em meus relacionamentos? Sou do tipo que ensina? Ou sou do tipo que censura?".

Quem ensina constrói. Quem fala mal desagrega, destrói.

Eu preciso observar se as pessoas ficam alegres quando eu me aproximo delas para lhes dizer alguma coisa, ou se ficam sérias e apreensivas, como quem espera ser chicoteado pelas palavras que vou dizer.

Esse espírito de crítica com o qual nós ficamos nos mordendo uns aos outros não é coisa de Deus. Essa mania que a gente tem de só ficar levantando os defeitos da pessoa, inclusive sob o pretexto de que a gente está zelando por ela, não vem de Deus. Um marido não tem que menosprezar a esposa. Uma esposa não deve criticar o marido; precisa fazer exatamente o contrário, porque se uma mulher não promove o próprio esposo, quem é que vai promovê-lo? Se um homem não perde a chance de diminuir a própria mulher na frente dos amigos e da família, transformando-a em motivo de piada, quem então defenderá a sua esposa? Se ele, que é o marido, não promove a própria mulher, quem a vai promover? Se os pais deixarem de promover os próprios filhos, quem então os promoverá?

Não critique o seu filho. Não critique sua esposa ou o seu marido. Também não critique os seus pais. Quem ama não deve criticar o outro em nada e para nada, pois com isso só consegue colocá-lo pra baixo e afundá-lo no erro.

Quantos pais, com o pretexto de ajudar os filhos, acabam por despejar sobre eles suas insatisfações, amarguras, tristezas e raivas. O pobre do menino ou da menina ouve aquelas palavras terríveis e as absorve como se fossem verdades. Acredita nelas, porque foi o pai ou a mãe quem as disse. Precisamos tomar cuidado! Nem sempre os filhos conseguem entender que o seu pai ou a sua mãe estão apenas desabafando. Se soubessem disso, não levariam a sério tantas coisas amargas que tiveram de escutar.

Não é raro a gente presenciar um jovem expor suas mágoas com estas palavras ou outras parecidas: "Se o meu pai... se a minha mãe... vivem dizendo que eu não presto, que não faço nada certo, que só dou preocupação e trabalho, então deve ser verdade; e já que eu não tenho valor, então, eu vou viver a partir de agora conforme a ideia que eles têm de mim".

Sem dúvida alguma, quem ama corrige, pois quer ver o outro acertar, ser melhor e ser feliz. Mas corrigir e criticar são duas coisas completamente diferentes. Uma crítica mordaz se parece com uma correção, assim como um lobo se parece com um cão. Tome cuidado para não abrir as portas aos lobos assassinos, ao confundi-los com cães de guarda.

Existem também aqueles que se confundem de propósito: sabem que estão ofendendo os outros, mas dizem cinicamente que estavam fazendo apenas uma crítica construtiva. Quando o indivíduo quer magoar alguém sem perder o requinte – se é que isso é possível – ele pega seu interlocutor pelo braço e diz: "Vem comigo, que eu tenho uma observação para fazer a você. Veja bem! Trata-se de uma crítica construtiva e...".

Na minha experiência, quando ouço uma coisa dessas, na mesma hora eu peço a Deus que me proteja e me dê forças para aguentar a pedrada que já vem vindo.

Palavras construtivas são os ensinamentos, a partilha de experiências, os elogios, mas ninguém que vai elogiar o outro começa por lhe dizer: "Entenda bem o que eu vou falar, porque se trata de uma crítica construtiva...". Na maioria das vezes, o significado dessa frase é: "Acho bom você se preparar, porque o que eu vou lhe dizer agora vai doer um bocado".

É claro que todo pai e mãe decentes querem educar os filhos. Então, eduque, corrija, ensine, mas não critique. Veja só a diferença neste outro caso: o menino chega em casa com os cadernos todos amarrotados, porque os enfia na mochila de qualquer jeito. E quando ele os tira, para mostrar ao pai ou à mãe uma tarefa, vem aquela bucha. Nessa hora, qual é a diferença entre corrigir e criticar?

Quem corrige se acalma, chama o garoto e diz:

– Venha aqui, meu filho, que eu quero lhe ensinar uma coisa. Quando você for colocar o caderno aqui dentro, tenha o cuidado de esticar as folhas, veja se a capa não está dobrada, deixe-o bem fechado, afaste os outros cadernos que já estão lá dentro e encaixe-o com atenção. Você entendeu?

– Sim. Eu entendi, pai.
– Muito bem. Agora, é a sua vez. Eu vou tirá-los para que você possa colocar enquanto eu vejo.

Observe que interessante: o garoto foi corrigido, foi ensinado e foi treinado.

E quem critica... como faz? Há quem o faça com uma frieza mortal, sem perder a calma, mas aquilo que diz é um balde de água gelada, capaz de esfriar qualquer entusiasmo. Há também quem já comece pelas palavras mais corrosivas, porque sente necessidade de ver o outro afetado. E, por fim, há ainda aquele chega aos berros: "Mas que criança desleixada! Você não valoriza nada do que a gente faz. Você sabe quanto custou esse caderno? Claro que não! Não é você quem compra... Você tem ideia do quanto eu tenho que trabalhar para poder pagar a escola, para comprar material escolar? E você, que não faz nada, que passa o dia inteiro de folga, não tem sequer o cuidado de pôr o material direito dentro da pasta. A próxima vez que...".

É algo triste! Como eu gostaria de poder dizer que esse exemplo que dei não passa de uma ideia tola e que, na vida real, nada disso acontece. Mas, infelizmente, acontece por causa não só de cadernos, mas de camas desarrumadas, louça suja na pia, notas ruins na escola etc. Acontece não só no relacionamento com os filhos, mas com os pais idosos, com marido e mulher, com colegas, com pessoas que de alguma maneira dependem de nós ou se relacionam conosco.

Se você é pai, mãe, ou um dia pretende ser: não critique o seu filho. Porque, quando você critica uma criança, cria nela uma ferida, uma mágoa, uma marca, um trauma e, assim, acaba por confirmá-la justamente naquilo que você está criticando. A criança pode pensar: "Se o meu pai acha que sou desleixado, então talvez eu seja mesmo... Se a minha mãe diz que eu sou inútil, é porque eu talvez seja mesmo...". É claro que um pai e uma mãe emocionalmente saudáveis não querem ver seus filhos no erro, no mau caminho, no pecado; mas uma maneira equivocada de abordar o filho ou a filha acaba por firmar o erro nele como uma nódoa.

Você já deixou cair comida gordurosa na sua roupa? E daí fez a besteira de pegar um guardanapo e esfregar? Sem querer, acabamos por espalhar a sujeira, além de a empurrarmos cada vez mais para dentro das tramas do tecido. Quanto mais profunda a marca, mais difícil de apagá-la. E é isso o que as críticas mordazes fazem com os nossos relacionamentos: elas aprofundam as marcas.

Outra coisa importante a saber: são os sentimentos que tornam inesquecíveis os momentos marcantes da nossa vida. Uma grande alegria, assim como uma grande tristeza, são capazes de nos marcar para sempre. Quando você causa um sentimento forte numa pessoa, ela jamais esquecerá aquela experiência que vocês vivenciaram juntos, independentemente de ser algo positivo ou negativo. Portanto, mesmo que você acredite que tenha razão no que vai dizer, lembre-se de que discursos ruins, agressivos, depreciativos e tristes, que levem o outro a se sentir desacreditado e desvalorizado, dificilmente serão esquecidos por ele.

Quantas crianças, novas demais para ponderar o que o pai, a mãe, o irmão mais velho, o avô, a avó, um tio ou um professor lhe disseram em situações de descontrole emocional, cresceram impotentes diante das palavras cruéis que ouviram; cresceram acreditando que eram imprestáveis, incompetentes, desastradas, pouco inteligentes, porque foi isso o que lhes disseram debaixo de uma grande carga emocional e, como consequência, aquelas palavras ficaram gravadas no fundo de suas lembranças e as acompanharam durante toda a vida.

É grande o risco de tomar a mentira como verdade e dar demasiado crédito às críticas destrutivas, quando elas nos são ditas pelas pessoas que mais amamos – as mesmas que deveriam nos proteger. E quando uma pessoa não acredita em si mesma, quando não confia em sua capacidade de se superar e ser uma pessoa melhor, então ela se acomoda, deixa cair os braços e pensa: "Eu serei sempre assim. Não tenho forças. Não vou conseguir mudar".

A proximidade afetiva entre duas pessoas transporta o que uma diz até o mais fundo do coração da outra. Quanto maior o vínculo entre elas, maior o impacto das palavras e sentimentos na alma uma da outra. É o que acontece entre irmãos, entre pais e filhos, entre marido e mulher.

Por mais que dois irmãos se desentendam e estejam acostumados a brigar, eles são irmãos, têm proximidade afetiva e o que um disser vai atingir o outro no coração e ficará gravado no profundo do seu ser. O que um filho diz ao pai tem muito peso, porque a ligação afetiva entre eles é muito grande.

Se o que é dito vem de uma pessoa estranha, talvez o que ela diga quase não tenha força sobre mim. Mas se quem fala é o meu pai, a minha mãe, meu cônjuge, minha irmã, eu associo aquilo que eu estou ouvindo ao amor que eu tenho por aquela pessoa e ao amor que ela tem por mim. As palavras dessas pessoas vão me impactar porque vêm de gente muito ligada aos meus sentimentos.

Mesmo que alguém dissesse: "Eu e o papai não temos um relacionamento. Nós somos distantes. Ele me é indiferente", isso não importaria, pois mesmo que vocês se odiassem, vocês estão ligados pelo afeto, e o que um diz para o outro tem muito peso. Repito: mesmo que houvesse raiva entre vocês, a afetividade está lá, a proximidade amorosa está lá no fundo do coração da pessoa, ainda que ela não queira admitir.

Por debaixo das inúmeras camadas de desafeto construídas no decorrer da vida, e que mantêm separados os membros de uma família, existe muito amor latejando, de modo que aquela palavra má, que você diz a quem tem esse tipo de ligação com você, entra no coração dela, vai lá no inconsciente da pessoa na mesma hora, e a machuca. Então, não critique. Se o seu filho fez uma coisa que não foi boa, se tentando acertar ele errou, se mesmo depois de você o ter ensinado, ele repetiu o erro, não o critique. Jamais diga a ele: "Você não presta! Você não aprende nada! Eu não sei a quem foi que você puxou – a mim é que não pode ter sido!".

O pior é quando a acusação associa o mal que foi feito à pessoa: "Você não sabe fazer nada! Ensinar você é uma perda de tempo!". Tudo isso porque, às vezes, aquele garoto ou aquela garota fez de modo errado uma coisinha de nada. Se observarmos com honestidade, vamos notar que muitos dos momentos em que nos permitimos explodir com os outros foram ocasionados por motivos irrisórios, por questões ridículas, que mais tarde teremos vergonha até de lembrar.

Jesus nos mostra, por isso, que precisamos de salvação, pois há uma maldade dentro de nós que, se não a trouxermos a pulso firme, ela escapa. Quando menos se espera, com os nervos agitados, a gente faz maldade com quem a gente ama, simplesmente porque estava irritado, angustiado, nervoso, sentindo-se incompreendido ou sob o pretexto de que o outro é ingrato e não reconhece o que fazemos por ele. São essas as desculpas que usamos para soltar o monstro que carregamos dentro de nós. Mas esse monstro Jesus o crucificou.

Veja o que diz o versículo 24: "Os que pertencem a Jesus Cristo crucificaram a carne com suas paixões e desejos". Nem é preciso que esteja escrito "monstro". Basta ler a lista das qualidades macabras que compõem esse ser terrível. Você gostaria de viver com uma pessoa sexualmente imoral, impura, devassa, idólatra, feiticeira, inimiga do bem, briguenta, ciumenta, irada, fazedora de intrigas, criadora de discórdia, invejosa, bêbada, que entrega seu corpo a qualquer um ou qualquer uma? Se sua resposta é não, preciso lhe dizer: você não quer viver, mas vive – porque nós convivemos com nós mesmos, e todas essas coisas estão dentro do nosso coração – estão crucificadas, mas estão lá.

Nós não podemos deixar esse monstro se soltar da Cruz onde Jesus o prendeu. Um dia, nossa salvação vai encontrar sua plenitude por meio de nossa aceitação, pois da parte de Jesus a salvação já aconteceu. Será plena salvação, porque contará com nossa plena aceitação. Ou seja, nossa salvação não estará mais em risco por causa das escolhas erradas que eu venha a fazer; então, esse monstro será definitivamente destituído e aniquilado. Mas, até lá, não solte o monstro em cima de quem você ama. Há tanta coisa boa dentro de você! Faça com que elas, sim, venham à tona.

Quando você encontrar alguém que você ama e que errou, veja se, em meio a esses erros que o outro cometeu, você encontra algo que possa ser elogiado. Se for possível elogiar, elogie. Se não for, deixe passar em branco.

Há um conselho de ouro que diz: "Veja tudo. Corrija um pouco. Deixe passar muito". Não se trata de fazer papel de bobo, nem ser omisso, e sim de ser caridoso, bondoso.

Você deve "ver tudo". Seja esperto. Em sua casa, seja atento; olhe, e veja tudo. Então, corrija um pouco – com amor. Por fim, deixe passar muita coisa. Se for possível elogiar, elogie. Do contrário, fique quieto, fique calado, deixe passar em branco, evite comentar a respeito, pois vai chegar a hora em que você poderá conversar com a pessoa e orientá-la. Mas não é no momento em que você está nervoso. O momento certo para ensiná-la vai aparecer.

Essa gana que temos de corrigir a pessoa imediatamente e com irritação, na maioria das vezes, se dá porque aquele erro do outro revela também uma falha nossa, uma situação em que eu a deveria ter ensinado, mas não o fiz; ou até a ensinei, mas não ensinei direito. Daí, fico irritado com a minha própria incapacidade de ensinar e descarrego tudo no outro. Por isso, vou maltratar a pobre da pessoa que errou? Só porque aquele erro denuncia que eu não consegui fazer direito o meu papel?

Se o seu filho, o seu marido, a sua esposa ou mesmo seu pai erraram (a gente se esquece que pais também erram) não é preciso que você os critique, pois a própria pessoa que errou já se critica como ninguém; e fica triste pelo erro que cometeu. Não é assim com você? Não há nada mais incômodo do que percebermos que fracassamos em algo importante que estava sob a nossa responsabilidade. Como é triste quando fracassamos nas coisas de Deus! Isto é: fazemos para Deus aquilo que queremos, e não o que Ele nos pede. E não é preciso que ninguém nos diga, porque sentimos isso lá no fundo do coração e ficamos entristecidos.

Por isso, repito a quem é pai: não critique o seu filho. Digo a quem é mãe: não fique apontando os defeitos de seu filho ou de sua filha. Provavelmente, já haverá muita gente que fará isso com eles ao longo da vida e os levará a sofrer com essa atitude. Se o pai e a mãe soubessem a real importância que eles têm na vida de um filho ou de uma filha... Se você soubesse o peso que sua palavra tem para o seu filho e para a sua filha, você não os criticaria, nem permitiria que os outros o fizessem, porque devemos defender a nossa família. Família é para a gente cuidar. Como é que eu posso deixar uma pessoa chegar diante de mim e ofender um filho meu? Se eu, sendo pai, com toda liberdade e autoridade que tenho, não maltrato meu filho... como posso permitir que outro o maltrate diante de mim? De modo algum permitirei. Nós temos que aprender a zelar uns pelos outros e a defender quem amamos.

Apontar defeitos e salientar o que há de negativo nas pessoas não conserta ninguém. Jesus nunca criticou ninguém – nem mesmo aqueles que O estavam crucificando. A Palavra que Jesus dirigiu ao Pai a respeito de quem O estava matando foi: "Perdoa-lhes, porque não sabem o que fazem".

Bendito seja Deus pela sua Palavra! A Palavra de Deus é santa! A Palavra de Deus é maravilhosa! Ela é prodigiosa. Nós pedimos que o Espírito Santo nos conceda a graça contida e prometida nessa Palavra que juntos refletimos – a graça de nos fazermos cuidadores uns dos outros, defensores uns dos outros por meio do amor.

## Oração

*Pai Santo, em nome de Jesus, clamo a Ti, vem depressa em meu auxílio; escuta a minha voz neste momento em que Te invoco. Aceita a minha oração! Que ela chegue à Tua presença como um perfume suave levado pelo sopro do Teu Espírito.*

*Confiante de que o Senhor irá me atender, eu levanto minhas mãos para Ti e clamo:*

*Coloca, Senhor, um anjo para guardar as palavras que saem da minha boca. Põe, ó Deus, uma sentinela à porta dos meus lábios. Preserva a minha língua do mal, e os meus lábios de palavras mentirosas. Não deixes que meu coração se incline ao mal e cometa crueldades. Que as minhas palavras não machuquem mais aqueles que tanto amo. Ajuda-me a evitar o que é ruim e a fazer somente o bem. Quero agir sempre assim, a começar pela minha casa. Não vou desistir de fazer o que é justo. Não desistirei de amar. Vou lutar incansavelmente até que a minha família viva reconciliada e se sinta em paz.*

*Sei que o Senhor cuida com carinho de quem O busca. Sei que o Senhor tem Seus ouvidos atentos ao grito de socorro dos que romperam com o mal. Por isso, volto para Ti o meu olhar. O Senhor ouve a oração de quem sofre e o livra de todos os perigos. O Senhor está sempre perto de quem tem o coração ferido. É o Senhor quem levanta o que estava desanimado e abatido. Aquele que reza passa por muitas tribulações, como qualquer outra pessoa, mas a Tua Palavra garante que de todas elas o Senhor o livra.*

*Pai amado, em nome de Jesus, tem misericórdia e perdoa os meus pecados. Arrependo-me dos males que fiz, renuncio a todos eles. Perdão, meu Senhor, pelas vezes em que me deixei levar pela inveja, pelas vezes em que não medi as palavras que disse e ofendi os que convivem comigo. Quero recomeçar! Dá-me força para romper com as antigas manias e concede-me sabedoria para construir um novo modo de lidar com as pessoas.*

*Neste momento, meu Pai, eu assino a folha em branco deste recomeço e, em nome de Jesus Cristo, Teu Filho e meu Salvador, peço que o Senhor escreva nela as diretrizes que tens para mim. Farei o que o Senhor quiser. Dobro minha vontade diante da Tua e me abandono totalmente em Tuas mãos, para ser conduzido pelo Teu Espírito Santo por onde o Senhor decidir me levar.*

*Declaro que tudo em minha vida pode ser e já está sendo mudado pela força da oração. Confio em Ti. Contigo vou conseguir. És meu Deus e Senhor. Teu braço forte me ampara, levanta, defende e restaura. Tu me curas e me renovas. Por Tua causa passei a esperar tudo de bom. E por tudo que tenho recebido, agradeço-Te! Glórias e louvores a Ti, Senhor!*

*Amém!*

*Ó Maria, concebida sem pecado, roga por nós que a Ti recorremos!*

# O segredo para estar sempre contente

*Somos afligidos de todos os lados, mas não vencidos pela angústia; postos em apuros, mas não desesperançados; perseguidos, mas não desamparados; derrubados, mas não aniquilados. (2Cor 4,8-9)*

NADA É MAIS DOCE que ver seus sonhos realizados. Os planos de uma pessoa são um resumo do que ela é, dos desejos que tem e da maneira como gostaria de ser tratada pelos outros. Por essa razão, é tão difícil quando eles não dão certo. É também por essa razão que todos querem descobrir o que pode ajudar a realizar esses sonhos. Tanto que, se você quiser que alguém lhe dê atenção, basta lhe mostrar que pode ajudá-lo para que ele consiga aquilo que ele quer – faça isso e você terá conseguido sua total atenção.

Alguns se decepcionam desnecessariamente, porque insistem em fazer planos não só para si – querem decidir também a vida dos outros. Se você acha que estou exagerando, a história a seguir, sobre a Dona Filó, mostra que essa realidade está entranhada em nós:

> A Dona Filó passeava pelo parque com seus dois netinhos, quando uma amiga a encontra e pergunta a idade das crianças.
> Ela respondeu:
> – O engenheiro químico tem cinco anos e o juiz federal, oito.

Tal como a Dona Filó, há muita gente que exagera e, então, cai no descontentamento quando os outros ou a vida não correspondem às suas expectativas.

Em geral, entendemos que estar contente tem a ver com as coisas correrem do jeito que esperávamos. Mas não é bem assim. A palavra "contente" vem originariamente do latim *continere*, no sentido de "conter". Contente é estar satisfeito, abastecido, cheio. Mas cheio de quê? São Paulo dá uma resposta magnífica para essa pergunta:

> Aprendi a contentar-me com o que tenho. Sei viver na penúria e sei viver na abundância. Estou acostumado a todas as vicissitudes: a ter fartura e a passar fome, a ter abundância e a padecer necessidade. Tudo posso naquele que me conforta. (Fl 4,11b-13)

Em outras palavras, é como se dissesse:

> O meu segredo é que, independentemente da situação que me envolve, há algo que me preenche. O vazio de fora não me abala, porque o que me sustenta está dentro de mim e ninguém pode me tirar: eu tenho Deus.

Pleno... satisfeito... é quem tem Deus. E quem não O tem, por mais que possua todas as outras coisas, sempre sentirá, no íntimo, um vazio triste.

Aprender a viver contente em toda e qualquer situação é um dos maiores e mais belos desafios da vida. É algo que provoca a todos. E qualquer um pode assumir esse enfrentamento.

O que é "aprender a viver em toda e qualquer situação"? É saber estar nas adversidades sem perder a alegria – sem deixar de ser contente.

Na maioria das vezes, não podemos escolher as situações que nos envolvem. Elas não estão absolutamente sob nosso controle. O que está em nossas mãos é a maneira como lidamos com elas.

Ao enfrentar os reveses da vida com bom humor, você espalha mais felicidade do que se saísse distribuindo presentes. Trata-se de ajudar as pessoas a encarar os acontecimentos com esperança – de esperar sempre o melhor, e não o pior.

Se eu depender de que as coisas corram como eu quero para estar contente, vou acabar vivendo infeliz, ou forçando as situações e fazendo os outros infelizes. Eu preciso aprender a ficar bem, independentemente do que me aconteça. Aprender a rir das inevitáveis tragédias da vida é uma questão de sobrevivência. É por isso que rimos de coisas desagradáveis ou defeituosas, rimos quando alguém escorrega ou dá um tropeção, ou nos divertimos ao ver um indivíduo perseguido por um bode. Trata-se de um mecanismo de defesa.

Pessoas leves, interessantes e inteligentes preferem rir a cair em amargura. Aristóteles resume isso num conto:

> Um homem, cego de um olho só, convidou outro, cego dos dois olhos, para fazer um passeio num barco a remo:
> – Você não enxerga, mas tem braços fortes e muito fôlego. Eu sou franzino, mas enxergo bem com este meu olho, e tenho ótimo senso de direção. Então, você rema e eu guio.
> Aconteceu que, ao chegar em alto mar, o remo escapou da mão do cego e furou o olho bom do caolho, que ficou completamente cego. Mas isso não foi o pior. Quando o cego que remava percebeu que o outro não podia mais enxergar, e que ambos estavam numa tremenda de uma enrascada, desconsolado, berrou:
> – Agora, pronto!
> Então, o que tinha sido atingido pelo remo, pensando que "agora, pronto!" era uma afirmação de que o barco tinha chegado ao seu destino, desembarcou e caiu no meio do mar. Fim!

Quando menos se espera, uma miséria dessas nos arranca uma gargalhada. Por quê? Porque rir no momento de dor é um dos jeitos que a natureza humana encontrou de lidar com o sofrimento. Se a vida se torna pesada e sombria, nossa mente tenta abrir uma janela para deixar entrar a luz de uma boa recordação ou nos fazer ver o lado cômico das tragédias – como se nos dissesse: "Não leve tudo tão a sério, ou vai aprofundar suas feridas".

A vida não é fácil, mas pode ser boa se nós assim o permitirmos. Não precisamos andar por aí tristes e infelizes. Dar o melhor de si para que isso aconteça exige, é claro, alguma forma de renúncia. Para tocar a vida em frente, é preciso deixar algumas coisas para trás.

Há quem pense que renúncia é você abandonar seus sonhos para que os de outra pessoa se realizem. Mas tenho descoberto que é muito mais que isso. Trata-se de abandonar um plano menos significativo para realizar algo mais importante, algo grandioso.

Conheci uma jovem senhora cujo amor por sua família exigia uma bela renúncia. Com as filhas já crescidas e um marido desempregado, ela poderia simplesmente baixar a cabeça e deixar a vida arrastá-la, ou então arregaçar as mangas e dar um rumo mais quente e vibrante à sua história. Era uma escolha simples, porém difícil, porque acarretava dedicação desmedida e vários anos sem descanso. Será que ela conseguiria abrir mão do pouco conforto que tinha? Poderia ela aguentar horas a fio de trabalho fatigante diariamente? Teria condições de se manter saudável, mesmo convertendo suas horas de lazer em momentos produtivos, a fim de aumentar a renda da família?

Ela fora abandonada pelo pai de suas filhas. Por muito tempo, teve que lutar sozinha para sustentá-las. Com as meninas já crescidas, pôde namorar, encontrar um companheiro e se casar. Mas, por causa de uma crise econômica, seu marido tinha sido despedido.

As duas filhas se encontravam em idade de cursar a faculdade, mas o dinheiro mal dava para pagar as despesas de casa. Se não podia pagar os estudos de uma delas, muito menos poderia arcar com a escola das duas.

Então, em meio a essa desolação, aconteceu algo surpreendente: uma convicção e uma força brotaram em seu íntimo. Ela queria que suas meninas tivessem as oportunidades que ela não teve. E, para que isso acontecesse, a situação precisava mudar. Então, essa mulher de meia idade dobrou sua carga horária. Trabalhava como faxineira diarista todos os dias da semana. Nos fins de semana, trabalhava limpando restaurantes e outros tipos de empresas. Fazia um trabalho excelente. Minha esposa, ao observá-la, comentava:

– É impressionante ver o que ela faz. De onde tira toda essa energia? E faz tudo sem reclamar, sempre sorrindo!

À noite, quando essa mulher chegava em casa, não ia descansar. Ao contrário, conjugava suas poucas horas de lazer com a produção de tapetes artesanais que ela mesma tecia, enquanto via algum programa de televisão. Era assim que ela pagava a faculdade das duas filhas e sustentava sozinha um lar com quatro pessoas.

A fama de seu bom humor, aliado a um trabalho bem feito, se espalhou, e todos queriam os seus serviços. Na altura em que a conhecemos, faltava apenas um ano para sua filha mais velha terminar a faculdade. E ela dizia, satisfeita:

– Assim que minha filha terminar o curso, quem vai fazer faculdade sou eu.

Ela não havia desistido de seus planos, apenas estava cuidando primeiro de algo mais importante – cuidava de amar. E, com seu amor, cuidava de apoiar quem com ela contava.

– Eu me dedico – ela explicava sem nenhum ressentimento – porque descobri que o trabalho que eu faço é uma maneira de transformar o meu amor em algo que o outro pode ver e sentir. As minhas filhas podem sentir o meu amor, mas é com meu sacrifício que eu demonstro que o amor que elas sentem é de verdade.

A vida seguiu um rumo bem diferente do que essa senhora havia planejado. Seus sonhos contavam com uma vida estável, conforto financeiro, uma marido fiel e tranquilidade garantida para os filhos. E, no começo, tudo parecia correr conforme o previsto: encontrou alguém para amar, teve lindas filhas, e até bastante dinheiro. Mas, problemas no casamento, seguidos de uma separação, despedaçaram seus sentimentos e trouxeram sofrimento a todos.

— A gente não pode parar na dor, nem deixar a dor parar a gente — ela diz. O melhor remédio é seguir em frente, porque não faltam motivos para continuar. Deus está comigo! Quando me sinto fraca... rezo, e a força aparece.

Uma vez que seu primeiro companheiro foi embora, ela se voltou para cuidar daqueles que ficaram. Fez da felicidade de outros seu sonho e seus projetos — justamente por isso sentia-se tão feliz.

Está aí alguém que, como São Paulo, sabe viver em meio às dificuldades!

Olho à minha volta e vejo que alguns se perdem na abundância — acham que não precisam mais de Deus, ou pelo menos vivem como se não precisassem, e caem na incredulidade, no egoísmo, nos vícios, e se alienam. Outros revoltam-se na penúria.

São exemplos que fazem com que eu me pergunte: será que sei viver contente na abundância, sem colocar em risco a minha alma? Será que sei viver contente na penúria — ou me revolto contra Deus em face da menor dificuldade?

Com muito ou com pouco, é de Deus que me vem a força para prosseguir.

Mesmo que as coisas estejam difíceis e complicadas, eu as enfrento com a força que Deus me dá. Com Deus, eu posso. Com Deus, eu venço, demore o tempo que for.

Por que é tão importante rezar? Porque é na oração que eu recebo a força do Espírito Santo para vencer a tentação que me ataca em períodos de abundância – momento esse em que as pessoas mais se afastam de Deus – e é na oração que eu recebo forças para vencer o desgosto em momentos de penúria.

Sim! Com a força do Espírito Santo você pode vencer!

Sim! Não há motivos para você perder a alegria!

Sofridos? Sim! Tristes? Não!

Cansados? Sim! Mas não derrotados!

Com Jesus, cada dia é, de verdade, um novo dia.

Conheço pessoas que empenham sua vida para servir os outros. E o fazem por pura generosidade, gratuitamente. Por essa razão, vivem na penúria. Não têm dinheiro para comprar sequer os sapatos, ou para consertar equipamentos básicos que facilitariam em muito o seu trabalho. Apesar disso, vivem alegres e sempre prontas para servir.

Também conheço pessoas que recebem constantemente propostas de trabalho promissoras, de sucesso e dinheiro. Bastaria que as aceitassem para viver na abundância, mas se recusam pelo fato de perceberem que Deus tem outros planos para elas. E seguem em frente felizes, porque guardam no coração um segredo: em todas as coisas que acontecem, Deus tem para nós uma força que nos permitirá vencer.

Mas, antes, é preciso acreditar nisso.

Você só consegue fazer aquilo que acredita que é capaz de fazer. E, porque acredita, arrisca-se e tenta. Temos que aprender a aproveitar as provações em nosso favor. Elas servem não só para nos experimentar, mas para que também nós experimentemos caminhos que ainda não tentamos. As dificuldades e os sofrimentos nos desinstalam e, então, confiando em Deus, fazemos coisas que nem imaginávamos e, assim, podemos crescer.

Só a confiança nos permite lidar com o que há de pior, sem nos envenenarmos pelo negativismo. Somente confiando em Deus podemos agir, enquanto todos já desistiram e se recusam a continuar. Agir é o verbo que transforma o sonhador num realizador. Se não estou de acordo com algo, então preciso agir. Se não quero continuar como estou, preciso levantar e tomar providências. Serei o que eu quiser, mas primeiro eu tenho que querer. A realização está em ter realizações (feitos, obras, execuções, atitudes), não somente em ser capaz de realizar.

Quem é capaz, mas não toma a iniciativa, não sai do lugar, não cresce, não vê seus sonhos se realizarem. Na vida todo mundo sonha e tem desejos, mas como o sonho se tornará realidade, se a pessoa parar em seus descontentamentos e não lutar para vencê-los? Então, vá e faça seus sonhos acontecerem.

Conheço gente que nunca se arrisca, porque tem medo de errar. Ainda não entendeu que o maior fracasso é não tentar. Alguns ficam preocupados com o que os outros vão pensar e falar. Não querem ser contrariados. Mas, se for para evitar críticas, há apenas um modo: não faça nada, não diga nada, não seja nada – anule-se. E, ainda assim, não vai agradar a todos. Portanto, faça o que acredita ser o certo. Pois, independentemente de como aja, você será criticado.

Eu tomei a decisão de não perder minha alegria por causa de comentários maliciosos, pois quem não nos quer bem consegue falar mal até dos nossos acertos.

Diz a Escritura que o coração da pessoa altera seu rosto, quer para o bem, quer para o mal. Sinal de bom coração é o rosto alegre (cf. Eclo 13,31). Quem luta pelo bem não pode ser triste. Precisa sorrir pra vida. Ao agir assim, isso não só lhe fará bem, como também fará as pessoas gostarem mais de você.

As pessoas têm a tendência natural de nos tratar como nós as tratamos – quer para o bem, quer para o mal. Quando andamos carrancudos, percebemos imediatamente o reflexo nos outros, que passam a nos tratar com frieza ou até mesmo rispidez. Ao agirmos com bom humor e sorrirmos para alguém, mesmo sem perceber, essa pessoa reage de modo positivo. Estudos mostram que um sorriso sincero ativa áreas do cérebro de quem o recebe e o estimula a sorrir também. Quando faz isso, você está enviando um comunicado para a outra pessoa, no qual está contida a seguinte mensagem: "Que bom te encontrar! Você é bem-vindo! Alegra-me ver você!".

E não há ninguém neste mundo que não queira ser recebido com carinho.

Já se perguntou por que os cães são tão populares? É porque são imbatíveis em receber seus donos – você chega e eles fazem uma festa, pulam em suas pernas, abanam o rabo e, ao seu modo, sorriem. Mesmo que haja quem não goste de cães, todos amam quem sabe fazer festa.

Com uma atitude positiva e alegre, você demonstra ao outro que não tem nada contra ele, que está ali para unir forças e, portanto, ele não precisa se prevenir contra você. O sorriso é uma das maneiras mais eficazes de se estender a mão a alguém e dizer-lhe: "Conte comigo em seu favor". E isso faz o outro gostar de você. Não tenha dúvidas disso.

Desse modo, é muito importante a decisão de romper com o descontentamento e encher o coração de coisas boas. Só assim poderemos criar o hábito de sorrir constantemente e de modo sincero. São Paulo garante que estar sempre contente é algo que podemos aprender. É uma escolha que fazemos. Uma decisão que tomamos. Mesmo quando não estiver com vontade, tenha uma atitude boa, positiva, alegre, inclusive porque isso terá um papel fundamental na maneira com a qual os outros vão reagir a você. Sem economizar, sorria. É barato e faz bem.

Um amigo médico me contou sobre uma senhora viúva que o procurou, mas não tinha nenhuma doença. Tinha medo. Medo de morrer. Havia passado dos 63 anos e constatava, com tristeza, que os anos que tinha pela frente eram menos do que os que ela já vivera. Então, ao suspirar fundo, perguntou:

– O que é que eu faço, doutor?

– Muito bem! Há algo que você pode fazer – replicou o médico.
– Você pode se casar com um homem chato e preguiçoso.

– O senhor está louco? Como é que isso vai me ajudar a viver mais? – ela perguntou.

– Ah, não vai ajudar em nada para que a senhora viva por mais tempo – disse o médico –, mas vai fazer o tempo que a senhora ainda tem parecer uma eternidade.

E os dois riram um bocado, pois ambos sabiam que, ao lado de um chato, qualquer minuto parece um século. Nada como umas boas risadas para tornar a vida mais leve! Uma conversa que tinha tudo para ser deprimente tornou-se divertida, por causa de uma atitude bem-humorada.

A Sagrada Escritura me ensinou duas coisas importantíssimas sobre estar contente e bem-humorado. A primeira é que quem sorri fica mais bonito – "Um coração contente deixa o rosto mais formoso" (cf. Pr 15,13). A segunda é que sorrir é um remédio que cura – "Ânimo alegre faz florescer a saúde" (cf. Pr 17,22). Ou seja, quem escolhe estar de bem com a vida torna-se mais bonito e saudável, além de possuir relacionamentos mais tranquilos, duradouros, produtivos e, por isso, viver feliz.

Ser uma pessoa agradável é dom, é graça, mas também é escolha. Não se trata apenas de talento, mas de dedicação e empenho. Pratique seu bom humor até que ele se torne natural e constante em você.

Depois de alinhar a camisa e ajustar a gravata no filho, ouvi aquela mãe dar-lhe um conselho magnífico:

— Vamos! Mostre esses dentes. Você precisa sorrir para conseguir um emprego.

Sem dúvida, simpatia não é tudo, porém, ajuda mais do que a maioria das pessoas consegue imaginar.

A alegria atrai os outros a nós mais que o mel às abelhas. Está provado que pessoas alegres e confiantes, em geral, reagem melhor aos tratamentos contra as enfermidades, recuperam-se mais rápido, não se deixam abater tão facilmente pelos problemas, gozam de maior vitalidade, criam uma forte rede de relacionamentos, enfim, essa atitude só lhes faz bem.

Portanto, não basta ser uma pessoa boa. É preciso também agir de maneira boa. Rosto carrancudo, descontentamento, críticas e mau humor, em geral, estragam tudo, inclusive o que já estava dando certo. Quem age com alegria e doçura, ao contrário, conserta tudo: acalma o que está nervoso, conforta o que está triste e até esvazia a feiura de certas situações. É muito importante a maneira "como" fazemos as coisas. Ao agir da forma correta com a intenção de ajudar as pessoas à sua volta, você conquistará o coração delas.

São Paulo descobriu que aprender a estar contente em toda e qualquer situação é algo precioso na vida. Seja amável com os outros. Comporte-se bem. E as portas se abrirão para você.

Uma vez que a vida favorece quem está de bem com ela, e que Deus abençoa quem se dá com alegria (cf. 2Cor 9,7), então, sorria!

# Oração

*Vem, Espírito Santo. Vem, em nome de Jesus, renova o meu coração, incendiando-o com Teu fogo de amor. Dá-me um coração generoso, cheio de bondade, capaz de grande perdão e misericórdia. Um coração capaz de enfrentar as adversidades sem perder a alegria.*

*Faze-me cheio de fé! Acende em mim a Tua luz, traz à tona meus pecados e marcas emocionais para que, em Tua presença, sejam definitivamente sanados. Liberta-me, Espírito de Deus, e faz de mim uma pessoa inteiramente nova, com alegria e paz. Nos bons e maus momentos, quero caminhar em Tua presença! Entra com a Tua santidade em meu íntimo e abrasa meu espírito e minha alma. Envolve até a última fibra de meu ser, purificando minhas emoções, meus pensamentos, minhas atitudes. Toma posse de meus ouvidos, olhos e boca. Enche-os com Teu poder.*

*Torna-me capaz de ser tal como Jesus o é, para eu poder aplicar sua Palavra em minha vida em toda a sua profundidade.*

*Espírito Santo, Tu és a abundância que supre minha penúria. Quero Teus tesouros e não outros. Dá-me os Teus dons para com eles espalhar o amor de Deus. Senhor, que o Céu reine sobre a face da terra! Precisamos de um mundo inflamado de amor – um mundo em que cada ser humano seja um irmão. Mas suplico de modo especial que o Senhor me dê a graça do louvor, para que, em todos os momentos e situações de minha vida, eu dê glórias ao Senhor e testemunhe, ao mundo inteiro, o grande amor com que me abençoaste! Em nome de Jesus Cristo. Amém!*

# Libertação

*Eu vos escrevo, filhinhos: os vossos pecados foram perdoados por causa do seu nome. Eu vos escrevo, pais: conheceis aquele que é desde o princípio. Eu vos escrevo, jovens: vencestes o Maligno. Eu vos escrevi, filhinhos: conheceis o Pai. Eu vos escrevi, pais: conheceis aquele que é desde o princípio. Eu vos escrevi, jovens: sois fortes, a Palavra de Deus permanece em vós, e vencestes o Maligno. Não ameis o mundo, nem o que há no mundo. Se alguém ama o mundo, não está nele o amor do Pai. Porque tudo o que há no mundo – a concupiscência da carne, a concupiscência dos olhos e a ostentação da riqueza – não vem do Pai, mas do mundo. Ora, o mundo passa, e também a sua concupiscência; mas aquele que faz a vontade de Deus permanece para sempre. (1Jo 2,12-17)*

TODOS OS DIAS TEMOS que lidar com situações que podem nos fazer perder a cabeça. Há sempre alguma tentação que vem despertar em nós a capacidade que temos de fazer o que não presta. Nós nos tornamos perigosos para os outros e para nós mesmos quando nos deixamos dominar por desejos ruins – daí, pensamos, falamos e fazemos coisas que vão nos corroer de arrependimento mais tarde.

Outras vezes, nosso coração ferido e machucado se deixa dominar pala raiva – raiva de qualquer um que se ponha em nosso caminho e nos venha apontar o que estamos fazendo de errado. Uma das características de um coração possuído pelo pecado é que ele vai acumulando ódio de quem o contraria. Chega, inclusive, ao ponto de trocar oportunidades maravilhosas de se dar bem na vida pela chance de se vingar de quem o incomodou.

Há muita gente talentosa, com grande capacidade de liderança, que poderia fazer muitas coisas boas, se influenciasse seus companheiros para o bem, mas que, em vez disso, vai induzindo e usando as pessoas para fazer o mal. Isso é fruto de uma mentalidade que o mundo nos ensina: usar os outros, não importa o quanto os prejudique, para atingir propósitos egoístas e, muitas vezes, perversos. Por exemplo, o indivíduo vai fazer uma coisa errada, leva o amigo como álibi e o coloca para mentir... Pior ainda quando o arrasta consigo para cometer o mesmo pecado. Infelizmente, há muita gente que tem vontade fraca e se deixa levar.

É terrível quando vemos um pai usar o filho para traficar drogas, ou uma mãe ensinar a sua filha como roubar o marido de outra mulher. Você e eu tomamos conhecimento de fatos assim frequentemente. Portanto, veja a que ponto o amor deste mundo – que é o amor ao dinheiro, ao prazer e ao poder – faz chegar um pai ou uma mãe. Torna-os capazes até mesmo de levar o filho a se expor ao crime e à desonestidade; de levar a filha, pela ganância, a se prostituir e se tornar uma adúltera.

A Sagrada Escritura nos mostra que a única maneira de vencer o pecado, o Maligno e as seduções deste mundo é tendo uma vida com Deus. Quando uma pessoa não tem Deus, ela é capaz de tudo o que não presta, inclusive de usar pessoas queridas para fazer o mal.

Vez por outra, fico impressionado ao ver na televisão ou na internet um jovem com grande liderança, que fala bem, é atraente, mas está na cadeia por viver no crime. Possui as mesmas qualidades de empresários bem-sucedidos e de renomados comunicadores. São jovens bonitos, educados e gentis no trato com os mais próximos, possuem uma capacidade de persuasão excepcional; mas usam os seus talentos para quê? Para fazer o bem? Para aproximar as pessoas de Deus? Não. Fazem como Hitler, que era um jovem talentoso, preparado, envolvente, mas escolheu usar suas habilidades para se tornar um assassino.

É triste quando você descobre que aquela menina que você conheceu, tão cheia de beleza e doçura, tem uma vida indecente. Ela poderia ter a profissão que quisesse e o marido que desejasse; afinal, se qualifica entre moças lindíssimas, graciosas, que sabem chamar a atenção. Mas usam seu corpo, templo vivo do Espírito Santo, para quê? Para servir a Deus? Não. Usam seu corpo para destruir outras famílias e arruinar a própria alma. São mulheres bonitas, cheias de qualidades, com dons maravilhosos, mas foram se deixando seduzir pelo consumismo, pela prostituição e o adultério.

Não é raro que esse comportamento venha de família, que esse pecado tenha encontrado uma porta aberta lá na infância por meio de um trauma, ou pela influência de um pai ou de uma mãe desequilibrados emocionalmente. Quantos pais e mães podiam ter sido o maior presente de Deus na vida de seus filhos, podiam tê-los educado para serem pessoas extraordinárias, mas porque tinham ódio no coração e estavam presos às suas manias e aos seus vícios, tudo o que conseguiram foi empurrar a própria família na direção de uma tragédia!

É verdade que eu, como cristão, posso fazer tudo o que eu quiser... Mas há coisas que, se eu as fizer, elas irão me aprisionar pelo vício e pelo pecado. Então, não convém que eu as faça. Aliás, foi para que eu fosse perdoado e me tornasse completamente livre que Jesus deu sua vida na cruz.

É muito comum encontrar por aí gente que tem influência, cargos importantes e poder, mas não tem liberdade! Manda numa multidão de pessoas, mas não é capaz de mandar em si mesma, porque é dependente da mágoa, do ódio, da vingança ou de algum outro vício. São pessoas tristes, porque possuem tudo para ser felizes, mas não conseguem, pois estão amarradas interiormente a algum mal. Tudo o que precisam para se libertar e começar uma vida nova é reconhecer diante de Deus o próprio erro e pecado, mas não conseguem fazer isso.

O mal é uma coisa tão diabólica que, no lugar de eu admitir e confessar o meu erro para me consolar da tristeza que o pecado me causa, ele me manda induzir outras pessoas a pecar também. Vou fazendo a esposa, o marido, o filho, o amigo chamarem de "certo" o que é errado, a pecar para me apoiar no meu erro e me agradar. Ajo como se o mal deixasse de ser errado pelo simples fato de que há outros fazendo também. É a desgraça que acontece em nossa vida quando nos deixamos conduzir pelo Maligno!

Deus chama a essa obstinação "coração de pedra". Coração de pedra é quando quem está vivendo em pecado topa com alguém corajoso o bastante para lhe dizer que ele está errado e fica com tanto ódio que, se pudesse, sumiria com essa pessoa, porque não quer ser reprovado e muito menos deixar o erro.

O problema não é a gente cometer pecado. Pois isso eu faço e você também. O problema é acostumar-se com o pecado, deixar que ele construa ninho e ponha os seus ovos em nosso coração. Quando isso acontece, o mal vai nos cercando dia e noite para nos dominar. O pecado nunca para depois que entra na alma da pessoa, ele é sempre progressivo.

Sabe aquele pecadinho de ódio, de mágoa, de mentira ou impureza que eu fiz escondido, sozinho, entre quatro paredes e ninguém viu? Ele cresce... cresce... Ele vai se alastrando, tal qual uma infiltração na parede por causa de um cano rachado. Começa com uma manchinha, depois a parede inteira fica úmida; com a pressão da água, a rachadura aumenta; a gente olha e pensa: "Depois eu cuido disso". Você vai se acostumando com aquela umidade como se fosse algo normal, sem muito perigo. Uma hora dessas, você precisa fazer uma viagem e, quando volta, o cano estourou e alagou a sua casa inteira.

O pecado começa minando como um vazamento hidráulico dentro da gente, então invade os nossos relacionamentos e, quando menos esperamos, estamos tomados por ele, cercados de todos os lados e ilhados em nós mesmos.

A Bíblia nos revela, em inúmeras passagens, que nunca faltou socorro para quem se arrependeu e voltou atrás no seu pecado. Mas revela também que quem não teve coragem de abandonar o seu erro acabou desgraçando a própria vida e prejudicando aqueles que estavam ao seu lado.

Já se perguntou por que é tão difícil a gente reconhecer os próprios desvios? É difícil porque o pecado faz em nós o mesmo que a cocaína, o crack, o álcool ou qualquer outro vício faz em um dependente químico – primeiro, ele nos dá a euforia do prazer, os nossos sentidos se alegram; mas depois o prazer acaba e só resta um vazio que precisa ser preenchido de novo. E como? Com mais droga, mais bebida, mais vício, mais pecado.

A pessoa vai se tornando dependente do pecado. Quando percebe, ele já inundou tudo, tomou conta de tudo, e a pessoa diz: "Não consigo mais sair dessa. Eu até gostaria, mas não vou dar conta! Não posso! Não consigo!".

O pecado trabalha incessantemente para nos convencer de suas mentiras. A primeira grande mentira que ele quer incutir em nós é que não podemos enfrentá-lo porque somos fracos, porque somos impotentes em face dos nossos vícios, que a nossa força é ridícula para enfrentar a tentação e seremos derrotados. É com esses argumentos que o pecado vai nos reduzindo a pessoas desacreditadas, sem esperança e, por isso, incapazes de tentar a própria libertação.

O pecado vai apequenando nossa cabeça e coração. Ele vai atrofiando nossa consciência. Chega uma hora em que nossa vontade e decisão se tornam minguadas e começamos a pensar que há situações erradas em nossa vida que não podemos mais mudar. Só que isso é mentira.

Sabe qual é a verdade? A verdade é que nossos pecados foram todos perdoados por causa do nome de Jesus. Não podemos esquecer isso jamais. Temos aqui a alegria de tomar posse dessa palavra e colocar nela nossa fé e nossa esperança. Temos a felicidade de saber que os nossos pecados, de cada um de nós, já foram perdoados por causa de Jesus.

Quando São João cita aqui os jovens, em nenhum momento exclui os demais. Aliás, quem agora não é jovem, um dia já foi. E quem foi jovem bastante tempo atrás possui ainda mais motivos para ser forte no Senhor, já que teve mais tempo para se fortalecer no Espírito Santo.

Devemos ter essa verdade sempre diante de nossos olhos: somos fortes porque a Palavra de Deus permanece em nós. É com ela que vencemos o Maligno. O segredo para se ter força espiritual é colaborar para que a Palavra de Deus permaneça em nós.

Nossa força vem da Palavra de Deus aplicada na vida, ou seja, encarnada e vivenciada. Quando a Palavra de Deus está em nós, vencemos não somente o mal, mas também o Maligno, que é o autor do mal, pai de todo o pecado e de toda a mentira. Satanás sempre é vencido pela pessoa cujo coração permanece em Deus e em cuja vida a Palavra de Deus não cessa de agir.

É nesse contexto que o Espírito Santo nos dá uma determinação: não ameis o mundo, nem o que há no mundo, pois ao amar o que se contrapõe ao próprio Deus, fecha-se o coração ao amor e ao poder do Espírito que poderia nos proteger. E explica: essa mania de nos guiarmos pelos prazeres sensuais, esse vício de querermos devorar pelo sexo e pela comida tudo que soe apetitoso aos olhos, bem como a gana de nos afirmarmos pelos bens materiais, todas essas coisas não vêm de Deus, e sim do mundo.

É por amar você que Deus lhe dá essa advertência: quem se torna dependente deste mundo e de seus prazeres sensuais vai se decepcionar. Porque tudo isso vai passar e vai acabar, mas quem se deixa guiar por Deus permanecerá para sempre.

Que promessa consoladora! Que Palavra maravilhosa!

Quando a Sagrada Escritura nos orienta para não amar o mundo, ela não está se referindo ao que Deus criou, pois tudo o que Deus fez é digno de amor. Ele mesmo encheu com sua presença a terra inteira: a brisa leve nos fala da ternura do Senhor; o sol que brilha nos envolve no calor do seu abraço; as árvores, que dançam ao vento pelo caminho e parecem nos saudar com alegria, declaram que Deus tem um carinho desmedido por cada um de nós.

Como não amar os passarinhos cantantes? Você já observou os olhos de uma criança ao ver o elefante, a girafa ou o hipopótamo pela primeira vez? Como não amar o que foi feito para nosso encanto? Ainda assim, a Escritura nos revela que o que mais glorifica a Deus é a vida do ser humano. Ou seja, entre tantas coisas boas, o que mais alegra ao Pai do Céu é nos encher daquela vida abundante que só Ele pode dar. De modo que todo esse mundo é um testemunho vivo do amor de Deus por nós.

O que a Sagrada Escritura nos diz para não amar são as coisas más e nocivas que há no mundo – tais como a inclinação para fazer o que é mau, para fazer o que é pecado ou para o prazer desequilibrado que só nos leva à destruição. A ordem é para não se afeiçoar àquela maneira doentia de olhar para a vida e para as coisas da vida – aquele jeito estragado, malicioso, invejoso e cheio de cobiça. A Palavra de Deus reprova a mentalidade mundana que nos incita a ficar exibindo nossas posses materiais. Aliás, tudo o que nos faz acreditar que o nosso valor está no que temos, ou tudo o que nos provoca a fazer qualquer coisa para parecer superior aos outros não pode vir de Deus.

Um dos maiores sinais para você descobrir se uma pessoa é carente de afeto e vazia do amor de Deus é quando ela deixa o pecado e a sensualidade tomar conta da sua vida. Quanto mais vazia de Deus, mais a pessoa se perde correndo atrás de prazer. E menos prazerosa a vida dela se torna.

Você já deve ter notado que é muito difícil, ou mesmo impossível, alguém estar apaixonado por duas pessoas ao mesmo tempo. O amor apaixonado por uma lança fora os sentimentos que tinha pela outra. Não estou falando de envolvimento físico, pois todos somos testemunhas de que é comum, nessa esfera, encontrar alguém envolvido com mais de uma pessoa. Porém, isso só mostra que tal indivíduo, na verdade, não tem amor por nenhuma delas. Pois, quando estamos tomados pela violência de um amor apaixonado, não conseguimos ter olhos para mais ninguém.

A paixão é um poder terrível, quer para o bem, quer para o mal. Para o bem, pois um casal de noivos, por exemplo, pode pela força deste sentimento receber um grande impulso e ingressar por inteiro no casamento que está por vir. Mas, veja que tristeza quando uma pessoa que já é casada se apaixona por outra. E que força ela precisa fazer para não ceder à paixão e, assim, destruir seu matrimônio! Ter se apaixonado por outra pessoa vai matando o amor que tinha pela esposa ou pelo marido.

Do mesmo modo, quando vamos nos apaixonando pelo mundo, o amor de Deus vai sendo posto fora do nosso coração. Mas não podemos ignorar que este mundo, no qual a gente tantas vezes deposita o nosso afeto, vai passar. É fato. E se não tivermos cuidado, vamos passar junto com ele. Daí passam também a nossa alegria, os nossos sonhos, a nossa esperança e tudo o mais que nele depositamos.

Sem dúvida alguma, falar é mais fácil do que fazer. Vencer uma paixão é dificílimo. Contudo, nós precisamos nos convencer desta verdade que o demônio tenta esconder de nós: em nome de Jesus Cristo, o Maligno já está vencido. Satanás já é uma força derrotada. Precisamos levar isso a sério e acreditar na Palavra de Deus quando diz: "Sois fortes. Cristo permanece em vós. E vencestes o Maligno". O tentador fará de tudo para que você não acredite e pense justamente o contrário. O demônio trabalha para nos fazer acreditar que somos fracos, que estamos sozinhos e que não passamos de uns fracassados. Para chegar nesse objetivo, o tentador se empenha em tirar do nosso coração o amor de Deus. E como ele faz isso? Substituindo-o pelo amor do mundo – que é vazio e nos esvazia. Note que é exatamente isso o que o pecado efetua em nós.

Se formos comparar com males do dia a dia, o pecado em certo sentido realiza em nós o mesmo que o vício por drogas, bebidas e coisas do gênero. Primeiro, ele nos exalta, atiçando nossos sentidos para alguma sensação de prazer. Depois, no momento em que esse prazer se vai, ele nos joga para baixo e nos deprime – ficam apenas o vazio e uma grande necessidade de repetir a experiência, como tentativa de preencher o buraco que restou. Nessa hora, a concupiscência da carne e a concupiscência dos olhos como que apontam um caminho: "Use mais drogas, beba mais, mergulhe no vício, cometa mais pecados". A tentação luta para nos fazer esquecer que nós fomos perdoados pelo Senhor: "(...) os vossos pecados foram todos perdoados pelo nome de Jesus". Nós estamos libertos dos nossos pecados. Nós não precisamos mais pecar e não precisamos mais ser dependentes do pecado.

Um dos grandes males que castiga a pessoa que peca é que ela vai se tornando viciada. De modo que, quando menos se espera, ela conclui: "Eu não consigo mais me libertar. Eu não consigo mais sair dessa. Eu não tenho forças".

A tentação investe incessantemente para enraizar em nós a mentalidade de que não temos força. Mas o Espírito Santo está lhe falando diretamente por meio desta Palavra: "Você tem força sim. Porque Eu estou com você; e pela minha força você pode vencer o Maligno".

Quando estamos amarrados pelo pecado, mais cedo ou mais tarde, a tristeza e o remorso vão nos levar a pensar: "Como eu gostaria de me libertar! Agora, estou vendo o mal no qual eu entrei, a armadilha em que caí; mas, infelizmente, eu não consigo me desvencilhar".

Repito: a gente pensa que não consegue, porque faz muito tempo que o Maligno vem trabalhando em nós para nos convencer de que somos muito fraquinhos, de que somos menores que o nosso pecado e de que não temos chance ao enfrentá-lo. Mas isso é uma mentira. A tentação mente, pois sabe que, se eu acreditar que não tenho chance de enfrentar essa luta, eu me acovardo, eu fujo, eu deixo a minha vida do jeito que está. Ou então, entro na luta com espírito de gente derrotada, e as coisas continuam como sempre foram: de mal a pior.

Portanto, a primeira investida do Maligno é para nos convencer de que nossas forças são insignificantes nos confrontos com o mal e que devemos nos entregar sem lutar. Ao nos confundir, a tentação só tem um objetivo: minguar em nós a força espiritual que temos quando confiamos em Deus. É isso o que o pecado faz com a gente – vai nos esvaziando e comprimindo.

O Inimigo possui uma técnica de alta eficiência para nos cativar: sua estratégia é nos exaltar em coisas inúteis e nocivas, para nos derrubar nas coisas importantes. A fim de nos derrubar, o pecado vai exaltando, engrandecendo, inflamando em nós a concupiscência da carne, a concupiscência dos olhos, a ostentação da riqueza.

Ostentar é ficar se mostrando grandioso pelas habilidades ou pelas posses materiais que possui. A pessoa ostentadora não se contenta em ter a habilidade de falar bem, por exemplo, e passa o tempo todo criando oportunidades para exibir essa capacidade. Ou não se contenta em ter bastante dinheiro; quer esbanjar, daí, compra tudo do mais caro, sem se importar em jogar dinheiro fora, desde que os outros vejam e fiquem impressionados – ela ostenta a grandeza financeira que tem. Há também o risco de fazer da estética uma ostentação, quando o indivíduo considera seu único tesouro a beleza do próprio corpo.

Então, o pecado vai se infiltrando nas qualidades mais evidentes que a pessoa possui e a instiga para que fique inflada, orgulhosa, comparando-se com as outras pessoas e se julgando melhor que elas. A questão é que o dinheiro, a beleza física, certas habilidades – até mesmo a saúde – vão passar... e quem nelas pôs sua confiança vai ficar vazio.

Deixar de colocar nossa esperança no que é eterno para colocá-la em coisas passageiras é um engano terrível. Vai-se entupindo o ser humano de coisas estéreis, supérfluas, passageiras, e vai-se inflando o indivíduo como um balão; só que, em vez de vento, vai-se injetando orgulho, vaidade, prepotência. O pecado se aplica a anular a força do Espírito Santo em nós, tornando-nos cristãos fracassados, tristes, desencorajados. Ao mesmo tempo, incute na nossa cabeça que somos fortes, que não devemos respeitar limites, que é direito fazermos tudo o que quisermos, mesmo que seja errado e vá prejudicar alguém.

O pecado nos faz perseguir metas falsas ou fora do nosso alcance, tornando-nos prepotentes e frustrados. Cria em nós a ilusão de que somos poderosos, enquanto vai roubando nossa verdadeira força espiritual que poderia nos libertar e nos fazer vencer o domínio que o mal exerce sobre nossa vontade.

A tentação vai nos diminuindo para o que é de Deus – a nossa vontade se torna fraca, nossa capacidade de decisão vai se atrofiando. Ficamos tão entorpecidos que nem sequer temos mais vontade de nada, paramos simplesmente no desejo. É quando começam as expressões: "Eu queria tanto que a minha vida fosse diferente... Queria tanto conseguir uma graduação... Queria tanto conquistar aquela pessoa... Queria tanto vencer esse pecado que há tanto tempo eu carrego...". Porém, esse "queria" não expressa vontade, ao contrário, demonstra apenas um desejo fraco e desmotivado. Vontade não é desejo! Vontade é decisão!

Dominada pelo pecado, a nossa perseverança fica fraca e a gente desiste em face de qualquer dificuldade. Com essa artimanha, o Maligno e o pecado vão amarrando a gente. Não é isso que o mal faz conosco? Não é exatamente isso que o vício faz? Vai amarrando a gente... Por isso, não é raro ouvir alguém dizer: "A minha vida está amarrada. Nada vai para frente. Nada dá certo para mim. Eu não sei o que acontece comigo para que eu não me realize afetivamente... Aliás, afetivamente eu sou um desastre". Ou: "Eu não me dou bem financeiramente. Não importa o que eu faça, o dinheiro não sobra. Ah! Eu sou um fraco profissionalmente. Eu estudo, eu trabalho, mas não progrido. Parece que a minha vida está amarrada".

Isso acontece porque, em pontos importantes da vida da gente, a tentação vai nos acorrentando. Vai nos enfraquecendo como pessoa. Vai nos esvaziando da nossa identidade de homens e mulheres de Deus. Vai nos convencendo do contrário que o Espírito Santo nos mostrou nesta Palavra: "Graças à presença de Deus que está em nós, somos fortes e vencedores". A tentação está sempre repetindo para nós de mil maneiras: "Não! Você não pode vencer o pecado porque você é muito fraquinho".

Por que uma pessoa não volta atrás, mesmo depois de descobrir que está sendo destruída pelo caminho errado que pegou? Se ela sabe que está lhe fazendo mal, por que não recua e abandona aquela escolha ruim? A resposta é a seguinte: se eu e você já nos tornamos algum dia presas do pecado, ou seja, apegados e viciados a um pecado, nós sabemos que não é fácil deixá-lo. Não basta dizer da boca para fora: "Eu não vou mais fazer esse pecado". Isso eu já fiz; e acredito que você também já deve ter dito: "Eu não vou mais praticar esse mal. Eu não vou mais cometer esse erro". Então, você também já sabe que não basta dizer da boca para fora. Precisa ser uma decisão. Contudo, uma decisão que vem da vontade firme, convicta.

Você quer dar um novo rumo para sua vida hoje? Então, essa decisão que você está tomando de consertar a sua vida não pode ser um simples desejo ou uma palavra "fraquinha" que é dita sem pensar. Precisa ser uma decisão que se torna vontade convicta. Tem que ser um basta – basta de errar, basta de pecar, basta de ser consumido por esse vício. Portanto, uma decisão que brota de uma vontade treinada. Digo treinada, porque um dia essa vontade fraquejou, mas agora se levantou e retomou os seus propósitos. Trata-se de uma vontade sadia, renovada a cada dia e, consequentemente, trabalhada.

No entanto, por mais forte que essa vontade seja dentro de nós, jamais podemos nos esquecer de que o nosso ponto de partida não é a vontade, e sim a graça de Deus. A mudança que tanto queremos e necessitamos só é possível pela graça de Deus. É dela que temos que partir. Tem que haver decisão, temos que fazer a nossa parte, mas não podemos nos esquecer de que a superação sempre se dá pela graça de Deus, que chega a nós por meio da sua Palavra – que entra em nosso coração e permanece em nós.

Você é forte espiritualmente quando a Palavra de Deus está em você. E, com essa força, você vence o tentador, vence a tentação e qualquer espírito de derrota. De outro modo, vamos nos sentindo pequenos e somos vencidos por coisas medíocres, pequenas, insignificantes.

Sem Deus, você é nocauteado por qualquer besteira que alguém lhe diz – daí, uma simples palavra estraga o seu dia. É ridículo, mas é verdade. Sem Deus, um olhar de desprezo ou o fato de alguém passar por você e não o cumprimentar afeta o seu humor. São coisas pequenas e que nos apequenam, quando estamos desprovidos da força do Espírito Santo.

Sem unir a sua decisão à graça de Deus, você será sempre derrotado... e um cigarro de maconha vai jogar você no chão. Ou um gole de cachaça põe você a perder – depois de tantos anos lutando contra o vício, meses de fidelidade sem colocar uma gota de álcool na boca, a pessoa cai na tentação de querer ostentar, começa a achar que pode se sustentar sem Deus, passando inclusive a exibir a força que tem porque dominou o vício, e vai assim se afastando do Senhor... Não é preciso muito. Basta um golezinho, e ela é arremessada de novo na sarjeta. Quanto sofrimento desnecessário terá que passar por causa desse momento de fraqueza!

Quando eu quero enfrentar as propostas pecaminosas desse mundo sem contar com a graça de Deus, coisas pequenas vão me derrubar. Se o Senhor não me ajudar, o vício vai me vencer e eu não vou conseguir ficar sem aquele mal, sem aquele pecado, sem beber, sem fumar, sem usar drogas... Não vou conseguir ficar sem me relacionar com aquela pessoa que me manipula ou me arrasta para o erro.

É importante lembrar que, além da dependência química, enfrentamos a luta terrível contra a dependência afetiva. Existem também os vícios de relacionamento. Enquanto alguns sofrem com sua dependência pelo fumo, pelo álcool ou pela droga, outros vivem uma verdadeira escravidão pela dependência emocional. Não é brincadeira!

O Evangelho nos orienta que existem certos relacionamentos que nós não deveríamos viver. A Sagrada Escritura nos ensina não somente o que devemos fazer, mas também o que devemos evitar para o nosso próprio bem. Deus faz isso, não por capricho, mas para nos preservar. Há relacionamentos que roubam a nossa vida no exato momento em que ingressamos neles; roubam também a paz dos outros; roubam a alegria de uma família. Então, a Palavra de Deus, que nos ama, manda que não entremos em certos relacionamentos como, por exemplo, o envolvimento afetivo-sexual com uma pessoa que já é casada.

Às vezes, achamos que amamos alguém quando somos levados a dizer: "Você é tudo para mim. Eu não consigo mais viver sem você". Ou confessamos: "Diante de fulano ou de beltrana, eu me sinto sem forças... Eu dependo dela para ser feliz". Essas palavras poderiam ser usadas perfeitamente por um viciado em drogas. São palavras de um dependente. E quando você é dependente afetivo de alguém, você não consegue amá-lo.

Você sabe que ama uma pessoa quando você tem liberdade para escolher estar ao lado dela. E, para isso, você não pode ser dependente dela. Quem depende não tem escolha; em vez disso, tem necessidade ou vício. Eu, por exemplo, gosto de comida, mas não a amo; eu necessito dela e, quando a tenho, eu a coloco na boca e a consumo. Se eu amasse a comida, eu não a destruiria. Quem sofre de alcoolismo, muitas vezes, odeia o álcool, mas está ligado a ele pelo vício.

Do mesmo modo, se eu for dependente de você, eu não tenho mais escolha. Eu me torno vinculado, amarrado. No momento em que eu me torno dependente de você, acabou o espaço para o amor, justamente porque acabou a liberdade. O amor só existe onde há liberdade. A maior prova de amor que se pode dar a uma pessoa é dizer: "Eu não dependo de você. Eu poderia viver a minha vida inteirinha sem você. Mas eu não quero. Eu escolhi estar ao seu lado. Eu amo você".

Quando marido e mulher se casam, é comum surgir a pergunta: "O que você vai fazer se eu morrer primeiro?". A gente tem que ter a coragem de dizer: "Não vou me matar porque você morreu. Nem vou ficar infeliz por isso. Vou sentir saudade. Você vai me fazer muita falta. Vou sofrer. Vou lembrar de você com carinho. Mas não vou entrar em desespero, porque eu não dependo de você para seguir com a minha vida. O que eu tenho por você é amor e não dependência".

Quando alguém lhe diz: "Eu dependo de você... Eu preciso de você... Eu não consigo viver sem você", peça a Deus a libertação para ela. É preciso que Deus venha urgentemente socorrer e libertar seu coração, porque isso não é amor, é escravidão, é pecado, e faz mal.

Não se trata de nos libertar daquele homem ou daquela mulher, retirando-a de nossa vida. Inclusive, há gente que pede a Deus que leve a pessoa embora deste mundo para que possa se sentir novamente livre. Deus não nos liberta tirando a pessoa de nós, mas tirando nosso coração daquele apego doentio. Por essa razão, se você sente que é afetivamente dependente de uma pessoa, peça a Deus a libertação. Peça essa força que vem da Palavra de Deus e nos faz vencer o Maligno. Se o Espírito Santo nos diz que somos fortes, é porque somos. Já que Jesus deu sua vida para que fôssemos completamente livres, eu não posso ser escravo de nada nem de ninguém.

Dependência é doença. Não importa se é dependência do álcool, droga, cigarro ou afetiva. A pessoa dependente torna-se sempre fraca e doente. Depender de qualquer coisa ou de qualquer um, que não seja Deus, é pecado.

Somente quem é livre é capaz de amar. A pessoa que é, emocional ou psicologicamente, dependente de outra não tem liberdade, não tem escolha nem pode se decidir por amar. Acaba se tornando um ser humano reduzido, amarrado e escravizado, tal como o demônio o quer.

Ser livre é dom de Deus e também a marca registrada do ser humano. Sem liberdade, eu nunca poderei dizer: "Eu te amo". Afinal, eu só posso dar a alguém aquilo que eu tenho. Para dar amor, eu primeiro preciso possuí-lo. Amar é dar-se. Ora! Como é que eu vou me dar a alguém se eu não me tenho, se não me possuo, porque já pertenço a um vício?

Se sou dominado por um pecado, não tenho como me dar. Portanto, quando digo literalmente: "Dependo de você", estou declarando que essa relação não é de amor – é uma doença e uma possessão, que vai me consumir do mesmo modo que o crack ou a heroína consomem seus usuários.

Veja bem, aqui estamos falando de uma dependência doentia, imprópria, distorcida e desequilibrada – uma dependência injustificada, porque se dá entre seres humanos adultos e capazes. Contudo, há também uma dependência necessária, como é a dos filhos jovens em relação aos pais, ou de uma pessoa que se tornou incapacitada fisicamente e que, por isso, depende do cuidado de outros. Não é dessa dependência que estamos falando, mas daquela que paralisa emocional e mentalmente quem dela sofre.

Um filho precisa que o pai o sustente, que o oriente e participe de suas escolhas até que se torne capaz. Até lá, ele não goza de sua liberdade plena. É preciso que o pai ou a mãe autorizem atividades que cobram maior responsabilidade. Se ele age sem autorização dos pais, terá que enfrentar as consequências. O pai tem que corrigir, e a mãe tem que disciplinar o filho.

É nociva a dependência afetiva que um adulto tem em relação a outro, porque os seus afetos tornaram-se escravos daquela pessoa. Eu serei infeliz se permitir que isso aconteça ou continue acontecendo comigo. Serei infeliz e trarei também sofrimento para quem convive comigo, pois quem não se sente em paz acaba por não deixar os outros em paz. Portanto, quem é de Deus precisa ser inteiramente livre. Não tem que depender de nada nem de ninguém, além do seu Criador.

São João insiste em dizer que os nossos pecados foram perdoados, que somos fortes, que vencemos o Maligno, que devemos ter liberdade em relação a este mundo que passa. Ele insiste nisso porque, se você não for livre, nunca irá ser feliz nem amar de verdade.

O vínculo entre amor e liberdade é algo tão sério que o apóstolo determina: não ameis o mundo nem o que há no mundo, porque esse mundo passa e também a sua concupiscência, mas aquele que faz a vontade de Deus permanece para sempre. Quem não faz a vontade de Deus, porque está amarrado ao mundo, vai passar com ele. Se você estiver amarrado a uma coisa, onde ela for, vai arrastar você com ela. O amor ao mundo nos prende a ele, tal como o amor a Deus nos une ao Criador.

Mas o curioso é que o amor ao mundo nos amarra, enquanto o amor a Deus nos liberta. Deus não usa de nosso amor por Ele para nos manter cativos.

Deus quer o nosso amor, aceita-o, fortalece-o, mas nos deixa livres. Tanto que a coisa mais fácil desta vida é a gente se desprender de Deus. É fácil para você abandonar sua vida de oração e deixar de lado sua vivência sacramental.

Você nunca se perguntou por que é tão fácil esquecer de Deus e tão difícil abandonar o pecado? A resposta é simples: o pecado e o demônio escravizam, enquanto Deus, por mais forte que seja o seu vínculo com Ele, mantém você livre, inclusive em relação a Ele. Quando amamos alguém de verdade, nunca vamos criar armadilhas para deixar essa pessoa dependente de nós. Posso e devo fortalecer o amor entre nós, mas jamais sabotar a capacidade que ela tem de viver sem mim, porque sem liberdade essa pessoa não poderá me amar.

Nessa matéria, somos diferentes de todos os outros animais – não temos uns pelos outros somente afeição, temos amor; pois, para amar, é indispensável ser livre. Um cachorrinho pode ter ternura, afeição, mas jamais conseguirá amar como um ser humano. Há gente que ama um cãozinho mais do que ama o seu semelhante. Mas, veja bem, é o dono quem ama o cão. Já o cão tem um sentimento de afeição pelo seu dono. É um sentimento verdadeiro! A lealdade por parte do cãozinho é real, é uma relação sincera, mas não é amor.

Não é possível amar sem a liberdade que permite escolher; e isso um animal irracional não tem. Eu tenho que poder escolher para amar esta ou aquela pessoa. Eu preciso ser livre para poder dizer do fundo do coração: eu amo você de verdade. Tanto é que, se no altar o marido ou esposa estiverem ali coagidos, o casamento não é válido.

O sim que um dá ao outro tem que ser livre. Caso isso não seja respeitado e, mais tarde, for provado que ao menos um dos dois foi forçado a se casar, ainda que tenham vivido vários anos juntos, esse casamento poderá ser declarado nulo. Eu só posso me dar a alguém no sacramento do matrimônio se eu for livre. Repito: eu só posso dar ao outro aquilo que tenho. Como é que vou me dar se não me pertenço? Como é que vou me dar se eu sou escravo da droga, se sou viciado em adultério, se quero me unir a uma pessoa, mas estou sob o domínio de uma outra, que inclusive já é casada?

Quantas vezes acontece de uma mulher se envolver com alguém casado e que tem filhos, mas aceita viver com ele esse relacionamento adulterado, porque não quer ficar sozinha! Em meio a isso, essa mesma mulher conhece outro homem, solteiro, desimpedido, pelo qual começa a nutrir até mesmo um sentimento bom, mas não poderá se dar a ele no sacramento do matrimônio, porque ainda não se libertou de seu vício por aquele indivíduo casado. De modo que não pode se dar, porque não é senhora de si, não se controla, não domina os próprios sentimentos e, portanto, não se pertence. Que coisa triste!

Quantos casamentos não aconteceram em plenitude porque a pessoa entrou no relacionamento com pendências afetivas! Não só dependência, como já dissemos, mas também pendências emocionais. Ou seja, continua ligada por meio de sentimentos a quem não deveria.

Muitas vezes, nem se trata de um relacionamento concreto com a outra pessoa; pode ser, inclusive, que não se vejam há anos, que vivam em cidades ou mesmo países distantes e, por isso, não se encontrem, mas ela continua a carregar dentro do coração aquela sensação de "Um dia, quem sabe... se nós nos encontrarmos novamente, eu possa viver com ele o grande amor da minha vida". Enquanto isso, o verdadeiro amor da vida dela chega, e ela não consegue reconhecê-lo, nem se dar a ele, porque é prisioneira afetiva de uma ilusão, de uma fantasia, e de alguém para quem ela não é a prioridade.

Por essa razão e tantas outras, é que a Palavra de Deus quer nos convencer de que o único de quem devemos depender é Deus. Ela nos mostra que o vício é doença e pecado, e nos revela que, do mesmo modo que olhamos para os frutos a fim de saber se a árvore é boa ou má, devemos prestar atenção nas consequências das nossas escolhas para saber se o que estamos vivendo é bom ou ruim. Amor não mata, não destrói e não nos consome de maneira negativa. Portanto, quando você percebe que aquele sentimento que você tem por uma pessoa se voltou contra você e está destruindo sua vida, então, não pode ser amor. Amor não faz isso com ninguém.

Há no mundo um tipo de sentimento degenerado que parece, mas não é amor. É esse mesmo sentimento condenado pela Palavra de Deus que se manifesta quando leva uma mulher a dividir o coração entre seu casamento e a vida com um amante; é o tipo de sentimento que leva um homem a ter vida dupla. É também esse amor mundano que leva muitas vezes uma mãe a vender a própria filha, entregando-a a um casamento promissor apenas do ponto de vista financeiro, e dizer: "Aquele homem é um bom partido, porque ele tem casa, tem carro, tem um bom emprego". Enquanto a filha reluta e diz: "Mas eu não o amo, não tenho a menor vontade de me ligar a ele". E a mãe insiste, convence, ameaça, chantageia e força até que a filha ceda. Isso não é amor, é ganância. Ainda que essa mãe venha a dizer: "Fiz isso por amor à minha filha", não é verdade; ela fez isso por amor ao dinheiro. E que pena! Porque, quando você não ama o seu próximo, aí sim, você se diminui. É esse o tipo de amor falsificado, caricaturado, que o mundo quer incutir em nós.

Amor é respeito. Quem ama, de verdade, respeita o outro, quer a felicidade dele, e não lhe tira o direito de pensar por si mesmo. Em vez disso, ensina-o a refletir, educa-o, acompanha-o, ampara-o, aconselha-o, exorta-o, mas jamais o amarra afetivamente nem se deixa amarrar por ele – enfim, não cria dependências.

A Palavra de Deus nos aponta um homem que deveria ser poderoso, mas entrou para a História como modelo de pessoa que se diminuiu pela omissão e covardia: Pilatos. É curioso: Pilatos, que tinha tanto poder, não foi capaz de impedir a crucificação de Jesus, mesmo sabendo que era injusta. Debaixo da pressão dos inimigos de Jesus, foi incapaz de dizer não, mesmo com sua consciência o acusando. O apego ao poder, ao dinheiro e à autoimagem transforma gente poderosa em refém dos próprios pecados e dos caprichos dos outros. Mesmo sendo uma pessoa grande e importante, como Pilatos era e você é, por causa dos apegos deste mundo, ele não foi capaz de dizer não e evitar um crime terrível.

Com isso, a Sagrada Escritura nos alerta para uma coisa importantíssima: poderoso não é quem é capaz de afetar a vida dos outros com suas ordens. O ser humano só é poderoso quando é capaz de mandar em si mesmo. Do mesmo modo, para a Palavra de Deus, rico não é o milionário com mundos e fundos à sua disposição. Rico é quem pode dar-se inteiro a alguém.

A liberdade é fruto da desobediência ao pecado e da verdadeira obediência a Deus. A Escritura nos mostra um governador Pilatos menor do que um punhado de hipócritas criminosos que o pressionaram. Mostra-nos que é desastroso quando o poder cai nas mãos de pessoas que não temem a Deus!

Pilatos, que tinha toda autoridade para exercer o poder do Império Romano, não foi capaz de contrariar um bando de mentirosos assassinos, nem de enfrentar o próprio medo. É o que o pecado faz conosco – torna-nos medrosos, indecisos e impotentes, mesmo quando a chave para resolver o problema e derrotar o mal está à nossa disposição.

Pilatos lavou as mãos porque sabia que estava participando de algo sujo. Matou, contra a própria vontade, quando permitiu que crucificassem Jesus. É o que acontece com um jovem que não quer fazer barbaridades quando está drogado, mas comete crimes hediondos, dominado pelo seu vício.

Quantas notícias nos chegam pelos meios de comunicação a respeito de pessoas drogadas que assassinaram até mesmo pai e mãe! Quantas pessoas cometeram crimes terríveis sob a influência do álcool, da droga! Estupraram, sequestraram, roubaram e fizeram violências absurdas.

Uma pessoa dependente é capaz de fazer coisas terríveis quando vê seu vício ameaçado. No entanto, o que muitos não sabem é que o pior de todos os vícios e a mais cruel de todas as dependências é o pecado. Pois, quando o meu vício é exterior e aparente como o álcool, o cigarro, a droga e a mentira, sempre há a possibilidade de alguém descobrir e tentar me ajudar. Mas, quando eu vou me associando ao pecado e me tornando interiormente afeito e dependente dele, permito que ele vá pouco a pouco assumindo o controle da minha vida e me anulando.

A Bíblia descreve em diversas ocasiões o retrato de homens como Pilatos, Herodes e Saul, que tinham armas e exércitos à sua disposição e, ainda assim, entraram para a História como referências de covardia, fraqueza e fracasso. Olhe para Pilatos! Que poder tem esse homem? É de dar dó. Esse homem não tem poder nenhum – porque, com toda a força de um império sob seu comando, ele não foi capaz de enfrentar um grupinho de agitadores, assassinos, mentirosos e covardes. Era um fraco, e foi incapaz de dizer não.

Por outro lado, a Palavra de Deus nos conta a história de homens simples, como José do Egito, Daniel, Moisés, Josué, Davi etc., que se tornaram grandiosos e foram fontes de inspiração através de séculos...

Como é diferente a pessoa que não se deixa seduzir pelo poder e usa sua autoridade como dom de Deus! Veja o exemplo de Davi! Quem era esse homem que, ainda muito jovem, foi ungido rei de Israel?

Davi era um menino franzino, o oitavo filho de seu pai. Quem poderia imaginar que aquele ruivinho, de aparência delicada, e acostumado com trabalhos mais leves – já que era pastor de ovelhas – viria a ser um dos reis mais famosos do mundo! Aliás, nem de andar atrás das ovelhas Davi gostava. O que ele apreciava mesmo era compor e tocar música. Tanto que, para se dedicar ao que gostava, Davi foi engenhoso. Ele sabia que era sua obrigação defender as ovelhas dos lobos e dos leões. A fim de não perder muito tempo nem correr riscos desnecessários, ele se tornou especialista em arremesso de pedras. Para isso, usava uma funda, que era uma espécie de estilingue. Então, se algo ameaçava o rebanho, Davi o punha para correr à custa de pedradas. Era isso o que ele fazia bem: compunha música e era certeiro no tiro de estilingue.

O grande recurso de Davi e o segredo de sua força são que, nas poucas coisas que ele sabia fazer bem, ele tudo fazia para Deus. Não estava atrás de elogios, nem em busca de ficar em evidência. Davi é o avesso de Pilatos, que passou por cima do que acreditava, por medo do que os outros iriam pensar.

Davi não estava preocupado consigo mesmo. Sua intenção era agradar a Deus e ajudar os outros. Tanto que, quando viu o abatimento do seu rei Saul e o desgosto dos seus irmãos por causa da guerra, ele se ofereceu para enfrentar Golias.

Golias era um homem imenso, extremamente forte e poderoso. Fazia parte de um exército de homens altamente treinados na arte da guerra. Eram tão fortes e preparados que todos os viam como gigantes. Por mais que os hebreus se esforçassem contra os filisteus, eles sempre perdiam nas batalhas, porque Golias e seus companheiros eram fortes demais.

Certa vez, Golias se posicionou à frente dos guerreiros filisteus e gritou para as tropas de Israel: "Por que viestes dispostos para a batalha? Não sou eu filisteu e vós os escravos de Saul? Escolhei um dentre vós para me enfrentar numa luta a dois! Se ele conseguir lutar comigo até matar-me, seremos vossos escravos. Mas se eu o vencer e matar, então sereis vós os nossos escravos e nos servireis". E o filisteu acrescentou: "Lanço hoje este desafio ao exército de Israel: Dai-me um homem para lutarmos juntos!" (cf. 1Sm 17,1-58).

Quando Saul e todos os israelitas ouviram as palavras dos filisteus, ficaram tristes e paralisados de medo. Davi, com pena deles, apresentou-se: "Eu aceito a proposta de decidir a guerra pela luta de dois homens. Eu vou lutar e vou vencer o melhor guerreiro deles. Eu vou derrotar esse Golias para vocês".

O rei achou aquilo um suicídio, mas, como não havia nenhum outro candidato, aceitou. Enquanto Davi se preparava para a guerra, colocaram nele a armadura do rei, a melhor de todas – era tão grande e pesada que ele não conseguia sequer andar, muito menos lutar. Para Davi, era impossível guerrear coberto com toda aquela parafernália.

Quando seus colegas o viram engaiolado dentro daquela armadura, caíram na gargalhada e algum deles deve ter dito: "Ô Davizinho, qual é a ideia? É matar o Golias de tanto rir?". E começaram a comentar entre si: "Já era! Perdemos! É melhor desistir agora, antes que esse garoto torne nossa derrota ainda mais humilhante!".

Mas quem tem Deus não desanima. Quem tem Deus não desiste nunca. Davi reconheceu que aquelas não eram as suas armas. Viu que estava com a roupa errada. Não deixou que fizessem dele algo que ele não era. E começou a tirar tudo aquilo que o cobria e sufocava, de maneira que só sobrou outra vez o garotinho franzino.

Ao ver de novo aquele menino sem armadura, Saul caiu em si e ficou ainda mais deprimido: "Vamos ser aniquilados! Não temos a menor chance".

Davi lhe respondeu: "Ninguém deve desanimar por causa desse inimigo. Estou acostumado a enfrentar ursos e leões, mas faço isso com as armas que sei usar. Eu vou derrubar esse brutamontes, mas será com meu estilingue". Então, pegou o próprio cajado e foi ao rio escolher as pedras certas, cinco bem lisas. Só precisou de uma, porque era bom na pedrada; no entanto, não quis depender da sorte e foi bem preparado, com mais outras quatro no alforje.

Golias desprezou Davi no exato momento em que pôde enxergá-lo de perto. Desprezou-o porque era muito jovem, ruivo e bonito. Tomado de indignação, vociferou: "Sou por acaso um cão, para vires a mim com pedras e cajado?". E, amaldiçoando-o, em nome de seus deuses, partiu pra cima dele com suas armas e pesada armadura, jurando matá-lo.

Davi lhe disse: "Você vem contra mim com espadas e lanças, mas eu vou contra ti em nome do Senhor dos exércitos". Mal terminou de falar, deu-lhe uma pedrada na testa tão certeira que o gigante tombou. Como Davi não possuía outra arma, aproximou-se do corpo e usou a espada do próprio Golias para decepar-lhe a cabeça.

Sabe o assassino gigante, poderoso e invencível? Morreu. Acabou. Derrotado por uma criança.

Davi fez o que sabia. E, mesmo sendo fraco aos olhos humanos, mesmo sendo aparentemente indigno daquela vitória, mesmo estando em face de um desafio muitíssimo acima de suas forças, ainda assim Davi venceu. Conseguiu a vitória porque tinha uma meta: servir a Deus. Ele enfrentou o mal para honrar o seu Deus.

Quando eu e você nos colocamos numa luta para ser fiel a Deus e honrar a nossa fé, o Espírito Santo vem e se une a nós, une-se ao que estamos fazendo – ainda que seja uma simples pedrada que saibamos dar – e, com o Espírito Santo, nós venceremos esta batalha, por maior que ela seja.

A fraqueza humana se torna uma fortaleza imensa quando aprendemos a contar com a graça de Deus. Ao invocarmos o Espírito Santo, Deus enche de força os nossos esforços. Ele dá força a quem não tem. Passamos a agir com o poder de Deus. Eis aqui o segredo para que cada um de nós seja vencedor, para que cada um de nós possa ser livre, para que cada um de nós possa, de fato, escolher fazer aquilo que nos convém e que nos fará felizes! O segredo é dar graças a Deus e honrá-Lo em tudo o que fizermos.

A arma secreta de Davi é que ele não lutava para seu próprio benefício; ele não estava numa guerra particular, mas arriscava tudo – até mesmo a vida – pelo nome do Senhor, pois amava a Deus de todo o coração. E, por causa desse coração entregue, o Senhor o perdoou, libertou e capacitou para vencer os seus pecados ao longo da vida. Aqui está uma receita poderosa e eficaz de como nós também podemos vencer.

Deus coloca hoje, diante de nós, a possibilidade de escolhermos entre a vida e a morte, entre a verdadeira vitória e a derrota. Essa escolha está nas minhas mãos e também nas suas. Você é livre para isso. Nós somos livres para escolher que rumo vamos dar à nossa vida.

Temos aqui o terrível e maravilhoso paralelo entre quem vive para o amor deste mundo e quem vive para o amor de Deus. Temos um Pilatos grande, forte, rico, poderoso do ponto de vista exterior; mas como não curou seu coração e era escravo dos próprios apegos, tornou-se um derrotado. Sendo forte, não passava de um fraco. Ele podia ter mudado a História e se tornado um grande homem, se tivesse enfrentado aquela injustiça. Mas, porque tinha uma dependência à própria imagem e era viciado no cargo que lhe deram, lavando as mãos e fechando os olhos, arruinou tudo o que queria defender.

Diante dessa covardia de Pilatos, os inimigos de Jesus pensavam que O tinham vencido, porque O crucificaram. Mas Jesus não foi derrotado; porque, quando se morre para cumprir a vontade de Deus, na verdade não se morre! E vive-se para sempre!

Em contrapartida, temos um caminho completamente diferente ensinado por Davi. Que caminho é esse? O da fraqueza apoiada em Deus. Davi era um homem fraco, desprezível e desprezado, que enfrenta um guerreiro poderoso, um gigante especialista em vencer batalhas. Contra Davi avança um poder forte demais. Refletindo a esse respeito, tenho pensado: que forças são essas que me combatem todos os dias? E pergunto a você: quem são esses que pressionam você para compactuar com o erro, como fizeram com Pilatos? Que forças são essas que ameaçam tomar as coisas que você aprecia, caso não lave suas mãos e olhe para o outro lado? Quem é que hoje, na sua vida, tem o poder de atiçar o seu amor pelas coisas desse mundo e investe a fim de seduzi-lo para o pecado?

Cada um de nós tem alguém em nossa vida que vem tentar nos seduzir com promessas ou ameaças – que vem dizer o que queremos ouvir ou fazer aquilo que atiça nossos desejos para nos levar a cometer o pecado. E o mais triste é que, em grande parte das vezes, são pessoas muito próximas a nós que fazem isso – pessoas das quais gostamos e que conseguem nos influenciar, precisamente porque as estimamos. Se nós não as amássemos, elas não teriam esse domínio sobre nós.

Outras vezes, quando nos entregamos sem lutar, começam a aparecer uns "Golias" para nos bloquear o caminho e nos escravizar. Quem é esse "Golias" na sua vida? Talvez seja uma mágoa que você ainda não conseguiu superar. Talvez seja um ódio que você ainda não foi capaz de abandonar. Ou talvez, um vício de cigarro, bebidas, drogas. Quem sabe um vício ligado ao sexo ou ao dinheiro? Pode ser que você venha sentindo dificuldades de se controlar e, por isso, esteja gastando mais do que deveria! Quanta gente que, ao pensar na possibilidade de enfrentar esse vício, diz: "Sinto muito, mas eu não consigo"!

Consegue sim! Com a graça de Deus, você consegue sair dessa e de qualquer outra situação. Com Deus, você consegue!

Quanta gente deixa a droga por uns dias, depois diz que não aguenta, volta para ela e acaba na cadeia ou morto! Quanta gente deixa a prostituição e depois volta a ela atrás de dinheiro, mas não sabe nem mesmo com o que vai gastá-lo – está sem sentido, dependente, viciada. Quanta gente se rende sem lutar diante desse mal que se lhe apresenta como um gigante!

Pergunto, então: quem é o seu "Golias"? Que gigante é esse que você precisa enfrentar hoje? Que pessoa é essa que exerce tanta força sobre você e o domina?

De vez em quando, alguém me diz: "Ah! Márcio, eu já tentei enfrentar...".

Mas é assim também comigo e com qualquer pessoa que queira ser livre de verdade. Eu também tenho que enfrentar a cada dia os meus gigantes. Às vezes, é o desânimo, a depressão. Outras vezes, é uma angústia, uma raiva ou uma irritação constante. Cada um de nós tem que vencer não um, mas vários desses "Golias" todos os dias.

O que nós precisamos entender, o segredo que poucos sabem, é que esses "Golias", na verdade, parecem muito maiores do que são. O demônio os faz parecer gigantescos, com o intuito de nos fazer sentir pequenos, insignificantes e impotentes diante deles.

Para que tenhamos força e coragem, a Palavra de Deus nos desvenda agora esse mistério e nos oferece uma garantia: você pode vencer esse gigante, seja ele quem for. Você pode vencer, inclusive, um exército desses monstros que o têm atormentado. E, por Deus, você vai vencer com as armas que tem. Chegou a hora de você libertar seu coração para amar!

A arma de Davi não era o estilingue – era "fazer bem feito aquilo que sabia". E você? O que é que você sabe fazer bem? Ainda que seja limpar uma casa, preparar uma comida gostosa, ser um bom amigo ou ajudar as pessoas em seu trabalho... O seu estilingue será aquilo que você sabe fazer melhor. E suas pedrinhas serão as vezes que você tentar e tentar, sem desanimar. Se o inimigo não cair na primeira, cairá na segunda, terceira ou centésima pedrada – mas cairá.

Onde está seu estilingue? Cadê suas pedrinhas?

Davi foi buscar suas pedrinhas no rio, pois quem está em Deus e trava uma luta espiritual sabe que só existe um rio: aquele de água viva que é o Espírito Santo, e que pode nos dar as armas certas de que precisamos para partir a cabeça da Tentação.

Se Deus é por nós, quem será contra nós? Nós podemos vencer o Maligno sim! Com Deus, você pode vencer esse "Golias". O problema é querer vencer certos males sem a graça de Deus. Mesmo que o mal não seja tão grande, sem Deus, você será derrotado.

Basta observar o que o amor às coisas pecaminosas deste mundo faz com a gente: pega coisinhas pequenas, de tamanho diminuto mesmo, como um cigarro, um gole de bebida, um baseado, uma pedrinha de crack, e as apresenta como se fossem imensas. Daí, essa coisinha insignificante vai se enfiando na vida da gente e, quando menos esperamos, estamos escravizados por elas. Geralmente, não são as coisas grandes que nos prendem, e sim uma porção de coisas pequenas.

Mas, hoje, o Espírito Santo vem mostrar a mim e a você que, para todas essas coisas, para todo e qualquer mal, existe uma saída. E essa saída é ter um encontro pessoal com Jesus e Nele permanecer, ao fazer o que agrada a Deus.

## Oração

*Senhor, nós Te bendizemos por esta Palavra, porque ela é uma bênção para nós e vem nos libertar ao nos dar o conhecimento de que, em relação aos nossos pecados, Jesus nos libertou e estamos verdadeiramente livres. O sangue de Jesus nos libertou. Em relação ao Maligno, somos vitoriosos, porque a Palavra de Deus, que está em nós, nos dá força para vencer o mal.*

*Nós Te bendizemos, Senhor, por esta Palavra que nos revela neste exato momento que a alegria deste mundo é passageira, que o prazer que este mundo oferece por meio da carne, dos olhos e da ostentação passa com este mundo que é passageiro. Mas nós não precisamos passar com o mundo e sua mentalidade. Quem se apega ao que é passageiro, acaba arrastado e passa também. Contudo, se nos apegarmos a Deus, venceremos o mal, venceremos o pecado e não vamos passar. Quem é de Deus não passa! Quem é de Deus permanece!*

# Não se esqueça do mais importante

*Deus não nos destinou para a ira, mas para alcançarmos a salvação por Nosso Senhor Jesus Cristo. Ele morreu por nós para que, acordados ou dormindo, vivamos unidos a Ele. Por isso, confortai-vos e edificai-vos uns aos outros, como aliás já fazeis. (1Ts 5,9-11)*

A VIDA SÓ É BOA na medida em que a gente ama.
 Lembre-se de que você vai passar por esta vida somente uma vez. Por essa razão, todo o bem que puder fazer, todo gesto de carinho que possa ter com quem cruzar o seu caminho, procure fazê-lo agora. Não deixe para depois. Não deixe de fazê-lo. Porque oportunidades são como rios que não voltam depois de terem ido. O dia de hoje não voltará nunca mais.
 Pensar nisso aguça em nós esse desejo de fazer com que a vida valha a pena. Deus sabe que a necessidade que temos de ser valorizados é tão grande que, se não enxergamos um sentido para viver, logo nos sentimos tristes, desanimados, perdidos e até adoecemos. Justamente por isso, Ele quer que tenhamos clareza do nosso destino, Ele quer nos fazer descobrir nossa missão e o objetivo de nossa vida.
 Uma pessoa começa a ficar intimamente doente e a se enfraquecer quando passa a acreditar que pode fazer o que é mau em

busca de ser feliz. Ela começa a se perder e a se estragar quando passa a acreditar que pode combinar pecado com felicidade, ou seja, quando acredita nas propostas fáceis que este mundo apresenta. A pessoa se perde quando Deus já não é importante em sua vida e não ocupa um lugar em seu coração.

A sua felicidade hoje e o seu futuro dependem do lugar que você dá a Jesus em sua vida. Ele é o único capaz de curar seu coração ferido. Ele vem nos tirar da perdição quando nos reconhecemos perdidos. E não nos condena, ainda que sejamos culpados pelas coisas ruins que estão nos acontecendo.

Deus não vem para punir. E nada do que você está passando é castigo enviado por Ele. Ao contrário, Ele vai nos buscar nos piores lugares em que nos metemos pela nossa própria culpa, e nem mesmo pergunta por que nos desgarramos, pois sabe que não temos a resposta para nossos desvios nem para nossas feridas. O que podemos oferecer são desculpas, mas as respostas nós não as temos: "Ah! Eu sou assim pelos problemas que tive na infância", "Eu estou assim porque fiz a bobagem de cometer um erro e me deixei seduzir. Com medo de ser rejeitado, eu cedi ao que a outra pessoa queria".

Mas todas as desculpas do mundo não curam um coração machucado. Por isso, Jesus não pergunta por que razão você pecou, nem por que desceu ao fundo do poço. Hoje a pergunta que Ele lhe faz é: "Por que não me deixa ajudar você? Por que não me deixa curar seu coração sofrido e cansado?".

Deus não nos destinou para a ira, para a perdição. Então, qual é o nosso destino? É a salvação. Ele quer que a salvação se torne uma experiência constante, diária e em todas as circunstâncias que nos envolvem. Para que isso aconteça também conosco, Ele nos diz como – acordados ou dormindo, na vida ou na morte, em toda e qualquer circunstância, você e eu precisamos estar unidos a Jesus.

Estar unido a Jesus significa resistir até o fim, até não aguentar mais.

Há uma promessa e uma garantia para quem fizer isso: "Quem perseverar, quem resistir, quem aguentar firme até o fim, vai vencer. Será salvo." (cf. Mt 24,13).

Nós não temos a obrigação de resolver todos os problemas ou de ter todas as respostas. O que Deus nos pede é para permanecer com Jesus custe o que custar.

Podemos perder "tudo". "Tudo" pode acontecer. Mas, para este "tudo" sempre há uma solução. Tudo tem conserto quando permanecemos com Jesus até o fim. A única coisa que não pode acontecer é a gente se separar Dele.

Se você se une a Deus, o resto vem por acréscimo, é consequência. E se não veio, é porque não era bom e não ia fazer bem para você. Ao permanecer unido a Jesus, você se torna uma pessoa frutuosa; tendo sempre o que oferecer, mesmo quando aparentemente não tem nada para dar. Coisas como amor, alegria, paz, paciência, bondade, autodomínio, manifestam-se em você e tornam-se algo que você tem e também pode dar.

Quantas vezes, temos mil razões para desistir, perseveramos numa causa somente por fidelidade a Deus e, de repente, na última hora, as circunstâncias sofrem uma reviravolta, mudam, e o problema que parecia sem solução se resolve diante dos nossos olhos! Para quem fica firme em Deus, tudo acabará bem e até o dia da sua morte será uma bênção: "Para quem teme o Senhor, tudo acabará bem, e será abençoado no dia da sua morte" (Eclo 1,13).

Quando amo uma pessoa, não quero que ela viva sem lutar. Antes, quero vê-la batalhar com coragem e beleza. Quero que, no fim, tudo acabe bem – que ela vença! E, um dia, se despeça deste mundo cercada de amor, respeito e reconhecimento. Que parta para o céu como uma pessoa abençoada, em meio às lágrimas de saudades dos seus entes queridos!

Então, podemos perder tudo, menos o mais importante. Não se esqueça do mais importante: estar com Deus. Unido a Deus. O resto é resto.

Conta a lenda que, certo dia, uma mulher pobre, com um bebezinho nos braços, escutou uma voz misteriosa ao passar diante de uma caverna. A voz vinha lá de dentro, bem ao fundo, e dizia: "Venha e pegue tudo o que quiser, mas não se esqueça do mais importante. Preste atenção: quando você sair, a porta se fechará para sempre. Aproveite o quanto quiser, mas não se esqueça do mais importante".

Ao entrar na caverna, a mulher encontrou muitos tesouros. Tomada de euforia, ajeitou a criança num cantinho e juntou tudo o que podia. Faltavam quatro minutos, quando a voz voltou a alertá-la a respeito das regras. Esgotado o tempo, ela saiu e a porta se fechou para nunca mais se abrir. Foi quando percebeu que havia esquecido a criança lá dentro, trancada de uma vez por todas.

A riqueza logo acabou, mas seu desespero nunca teve fim.

Assim somos nós. Temos uns oitenta anos – os mais vigorosos, talvez cem – para viver neste mundo; e existe uma voz que nos avisa de vez em quando: "O tempo está passando. Não se esqueça do mais importante".

O mais importante, o principal, é estar com Deus – unido a Deus – e, em seguida, com a família, os amigos, a vida... Mas a ambição e a gana pelas riquezas materiais nos absorvem tanto, que o mais importante vai ficando sempre de lado. É desse modo que esgotamos nosso tempo aqui e largamos, num lugar abandonado do coração, o que nos é mais essencial: os tesouros da alma, a vida eterna, a salvação, as pessoas que Deus nos deu para cuidarmos com amor.

Quando a porta dessa vida se fechar para nós, de nada adiantará chorar, gritar e ranger os dentes. De nada nos servirão as riquezas, os cargos, os títulos. Só se leva dessa vida o amor que a gente dá.

Rir muito, rir até chorar; alcançar o carinho e a admiração das pessoas sábias e santas; entusiasmar uma criança, fazer um filho sorrir; ouvir com respeito aqueles que corrigem por amor; tolerar a incompreensão, o abandono e a perseguição daqueles que se dizem amigos, mas não o são; a cada dia ter paixão pela beleza que Deus derramou sobre esse mundo; em vez de procurar defeitos, descobrir nos outros aquilo que trazem de belo – seus anseios e realizações, seus sonhos e realidades; levar o bem por onde for, seja repartir comida e remédios com alguém que precisa, ou cuidar de uma criança desamparada, ou mesmo no capricho com as flores do jardim. Perceber que alguém se sentiu melhor pelo simples fato de você estar ali, é isso o que eu considero não se esquecer do que é mais importante.

Sem Deus, não conseguimos dar conta de nada disso. O que nos atrai a Ele é a nossa ferida. Nós O procuramos por causa de nossas fraquezas e necessidades. Mas o que nos faz permanecer unidos a Ele é nos colocarmos em sua presença com o coração aberto e rezarmos nos abandonando em suas mãos:

*Vou por onde o Senhor me levar. Vou fazer o que o Senhor me pedir. Por Ele, vou perdoar quem me magoou, ou deixar de lado algo errado que estava fazendo. Por Ele, vou aguentar aquela pessoa que eu já não suportava mais. Por Ele, não vou desistir, ainda que eu caia muitas vezes. Com Ele, eu me levanto e tenho forças para prosseguir.*

Passe a rezar todos os dias, passe a cuidar mais das pessoas que das coisas, e observe como os outros vão reagir. Você descobrirá rapidamente que se ocupar do mais importante compensa mais do que ser rico ou famoso.

## Oração

*Senhor,*
*Concede-me um coração cheio de amor e de alegria.*
*Incute em mim o desejo de estar sempre contigo, contente e agradecido.*
*Dá-me um coração forte e generoso, um coração do qual emane Tua paz.*
*Liberta-me da ganância e da ilusão das riquezas.*
*Liberta-me do medo da vida passar sem que eu dela aproveite.*
*Liberta-me do medo da tristeza, do fracasso e da solidão.*
*Liberta-me do medo do futuro e da morte.*
*Dá-me discernimento para perceber o que é importante e distingui-lo do que não é.*
*O que mais quero é estar unido a Ti, Senhor!*
*Derrama o Teu Espírito Santo sobre mim.*
*Faz com que o céu envolva minha vida.*
*Fica comigo, Jesus! E não permita que eu me afaste de Ti!*
*Renova-me por Teu Sangue! Fortalece-me com Teu poder!*
*Concede-me a fé que me fará vencer esses obstáculos que atravancam meu caminho.*
*Dá-me a coragem de amar até o fim, mesmo que isso sangre o meu coração.*
*Contigo quero dizer: "Eis me aqui, ó Pai, para fazer Tua vontade!".*

*Hoje, quero perseverar na Tua graça e me tornar inabalável.*

*Hoje, levanto meus olhos para Ti, Senhor, e recebo a paz que estás me enviando.*

*Que a Tua alegria seja derramada em meu coração até transbordá-lo!*

*Estou pronto para recomeçar. Estou pronto para viver esse dia no vigor do Teu Espírito.*

*Estou pronto a enfrentar qualquer coisa, porque Tu estás ao meu lado. Firma-me, Senhor!*

*Concede-me ver-Te como o sol que ilumina as minhas trevas, enchendo-me de vida e de calor! Que, uma vez iluminado por Ti, possa também eu ser luz para os meus irmãos! Que aqueles que convivem comigo possam experimentar Tua presença!*

*Creio que nada poderá me separar de Ti, a menos que eu o permita. Quero estar sempre unido a Ti!*

*Senhor, aconteça o que acontecer, Tua proteção e Teu socorro estão comigo. Sempre que eu necessitar, Tua ajuda virá e não tardará.*

*Permita-me acreditar que tudo correrá bem.*

*No poderoso nome de Jesus!*

*Amém!*

# O poder das coisas escritas

*E disse-lhes: "Ide para vossas casas e comei carnes gordas, tomai bebidas doces e dai porções àqueles que nada prepararam, pois este dia é Santo para nosso Senhor. Não é dia de luto, pois a alegria do Senhor será a vossa força". (Ne 8,10)*

S E VOCÊ QUISER, PODERÁ fazer com que cada um dos seus dias seja maravilhoso.

Realizar "o melhor dia que se possa ter" é algo simples, mas não é fácil. É simples, no sentido de que a qualidade do nosso dia depende da força que obtemos pela oração e do amor com que fazemos cada coisa que nos compete. Não é fácil, porém, por causa da tendência que temos de criar bloqueios interiores que nos dificultam conseguir as próprias coisas que buscamos.

São Paulo afirma que existem raciocínios que se levantam em nossas mentes para que não descubramos o potencial que Deus nos deu nem o plano que Ele tem para nós. Afirma, inclusive, que é preciso dominar esses pensamentos que tendem a nos tornar resistentes às inspirações divinas. São pensamentos negativos que trabalham para nos convencer de que aquilo que Deus quer realizar em nós não acontecerá porque se trata de algo "impossível". É o tipo de mentalidade que nos impede de fazer como Pedro e "dar o passo da fé" (Mt 14,29) ou "lançar as redes para tentar mais uma vez, apesar dos fracassos anteriores" (Lc 5,5). Ficamos presos à herança de descrença que recebemos de nossos antepassados, que somada às experiências frustradas que acumulamos no decorrer da vida, vai nos tornando desconfiados, incapazes de ceder às moções do Espírito Santo. À medida que nos libertamos deste jugo de pessimismo e descrença enraizados em nosso íntimo, ficamos mais disponíveis a acolher o Espírito Santo. Com o Espírito Santo, torna-se mais fácil transformar em algo bom todas as coisas que nos acontecem. Pelo dom do Espírito, podemos fazer que cada dia se torne uma experiência milagrosa.

Para que isso aconteça em sua vida, tenho uma sugestão: escreva como você quer que seja o seu dia. Construa a rotina do "melhor dia que você possa ter". Ainda que depois seja preciso fazer algumas modificações, ponha seu dia ideal no papel. Pois anotar suas intenções, desejos e metas tem um tremendo valor. Quando você as coloca no papel, as coisas deixam de ser um simples desejo e começam a se tornar compromissos e propósitos reais. Quanto mais você as escreve, mais se compromete com elas e mais enraizadas se tornam em seu coração. Então, essa vontade profunda, entranhada, se converte em oração e Deus libera em você a força para alcançar essas metas inspiradas pelo Espírito Santo.

Estudiosos estimam que utilizamos apenas dez por cento da nossa capacidade. Uma das principais razões apontadas é que geralmente não descobrimos, não anotamos, nem refletimos pacientemente sobre nossos próprios objetivos. Ou seja, não sabemos, de verdade, o que queremos. Por isso, é tão importante escrever as coisas. As inspirações que temos, os conselhos que recebemos, um rema que nos é dado, devemos anotá-los e amadurecê-los em oração, meditando-os e apresentando-os assiduamente ao Senhor.

Quanto mais oramos e permitimos que o Espírito Santo purifique, oriente e dê força a esses objetivos, mais abrimos caminho para que Deus os realize.

Vou escrever aqui o meu dia ideal, convertê-lo em oração e depois deixarei um espaço para você fazer o mesmo. O meu dia ideal seria mais ou menos assim:

1. Acordar descansado por ter dormido o suficiente e rezar, agradecendo a Deus por me dar mais um dia para viver.

2. Tomar café em família. Conversar à mesa e demonstrar meu amor por cada um.

3. Ler ou ouvir uma mensagem inspirada, cheia de esperança, a fim de recordar que hoje todas as chances se renovam para que eu possa fazer o bem, viver com alegria e ser feliz.

4. Compreender que cada coisa que me acontece concorre para o meu bem, desde que eu esteja unido a Deus.

5. Não abrir espaço para a tristeza.

6. Não ficar procurando culpados pelas coisas desgostosas que me acontecem.

7. Tomar um cafezinho saboroso acompanhado de gente querida (pode ser chá ou *cappuccino* também).

8. Ser gentil e acolhedor com todos os que cruzarem meu caminho. Sorrir o máximo que puder, incluindo aqui umas boas gargalhadas também.

9. Amar sem medidas. Afinal, só temos o dia de hoje para fazer isso. Mas amar com aquela delicadeza própria de quem também é capaz de receber o carinho que os outros conseguem dar.

10. Separar um tempo para fazer algo particularmente prazeroso – ler uma crônica do Rubem Alves, um poeminha do Quintana, um dos versinhos que a Cecília Meireles escreveu para as crianças ou filosofar com o Cortella. Pode ser também caminhar quinze minutinhos sob o sol da manhã, ou olhar a Serra do Gigante ao som dos canarinhos da terra. Outra opção seria abraçar alguém muito querido. Coisas assim...

11. Cultivar com a minha esposa o amor romântico, em gestos de carinho.

12. Ouvir uma boa música (isso nos alivia os fardos da vida) ou me emocionar sob o enredo de uma bela história (pode ser filme ou livro – regado a pipoca e a uma boa companhia para compartilhar depois).

13. Cuidar do meu corpo com carinho, por meio de exercícios e uma alimentação saudável.

14. Fazer alguém se sentir feliz por ser especial.

15. Não causar tristeza a ninguém, quer por palavras ou por atos. Isso vale para os amigos e também para os adversários.

16. Trabalhar por uma boa causa e terminar o dia com a sensação de dever cumprido.

17. Fazer um exame de consciência antes de dormir. Pedir perdão pelos deslizes e pecados. Agradecer por tantas coisas boas e imerecidas.

18. Abraçar meus filhos, minha esposa, dizer o quanto os amo e abençoá-los antes que durmam.

Quando alguém me diz que sua vida não está indo bem e que está passando por dias difíceis, eu o incentivo a transformar o roteiro do seu dia ideal em oração e a percorrer os seguintes passos, que serão de grande libertação e vitória, se aplicados com perseverança:

## 1. Recorra a Deus

Converse com o Pai do Céu sobre suas necessidades e seus planos. Conte tudo a Ele. Ponha a Seus pés cada item desse dia que você planejou. No meu caso, foram dezoito pontos que relacionei. Mesmo que lhe pareça algo simples demais ou até tolo, não deixe de colocar diante do Pai celestial. Desde como você se sente ao despertar, passando pelo café com seus amigos, o lazer, até a hora em que vai dormir. Fale com o Senhor a respeito do que você precisa e de como quer que Ele o ajude. Depois, permita que o Senhor amplie a sua percepção, fazendo com que aquilo que está no coração de Deus caiba também no seu coração. Abra-se ao Espírito Santo e peça que Ele lhe dê clareza sobre o que está acontecendo em sua vida e para onde Deus quer conduzir você. Assim que você perceber com clareza o que deve fazer, dê o segundo passo, que é "tomar posse".

## 2. Tome posse

Tome posse daquilo que o Senhor reservou para sua vida: promessas, dons, autoridade e responsabilidades. Tomar posse quer dizer assumir como seu. Requeira seu direito sobre aquilo que Deus lhe confiou, tais como a sua vida, sua família, seus bens, sua vitória sobre o mal, sua felicidade, sua missão etc. Diga: "Isso é meu. Deus me deu. É, portanto, meu direito como filho de Deus...".

## 3. Defenda sua propriedade

Quem se determina a viver bem, a fazer o bem e a amar o próximo, sofre um combate espiritual. Muitos não conseguem avançar com seus bons projetos, porque nunca tomaram consciência dessa luta e não sabem como se defender. Você recebeu autoridade da parte de Deus para combater o mal em nome de Jesus Cristo. O próprio Senhor é quem o garante: "Eis que vos dei poder para pisar serpentes, escorpiões e todo poder do inimigo." (Lc 10,19).
Ordene:

*Em nome de Jesus Cristo, tomo autoridade sobre você, satanás. Eu o rejeito e afasto dos planos de Deus para mim. Eu o rejeito e afasto da missão que Deus me confiou. De todos os afazeres que me foram dados pelo Senhor eu o expulso para longe, de modo que você não os tocará nem os influenciará de modo algum. Eu tomo posse deste dia, bem como de tudo o que Deus planejou para mim e afirmo: esses afazeres são meus, são minha missão, em nome de Jesus!*

## 4. Confie, pois Deus o ouviu e os resultados virão

É sempre bom rezar assim:

*Obrigado, meu Deus, por contar comigo.*
*Agradeço, de coração, todas as graças que tenho recebido até agora, especialmente por ter me preservado nesta noite de todos os males do corpo e da alma, e por me conceder mais este dia de vida. Que eu o viva para Sua glória e minha salvação! Creio firmemente que o Senhor está comigo, e desejo fazer tudo o que sua divina Providência predispôs como tarefa para mim hoje. Quero agir segundo Sua vontade, estou pronto para obedecer e confio que coisas muito boas acontecerão por isso. Meu Deus, eu me alegro grandemente porque o Seu amor de Pai traçou um plano de felicidade e salvação para mim neste dia. Confio em Tua Palavra que diz: "Não deveis ficar lembrando as coisas de outrora, nem é preciso ter saudades das coisas do passado. Eis que estou fazendo coisas novas, estão surgindo agora. Vós não percebeis?" (cf. Is 43,18-19a).*

Muitos que começaram a rezar dessa maneira testemunharam uma transformação não somente no seu dia, mas em toda a sua vida. São inúmeros os testemunhos que recebemos de pessoas transformadas pela Palavra de Deus através do programa *Sorrindo pra Vida* e por meio da experiência de oração proposta no livrinho *30 minutos para mudar o seu dia,* simplesmente porque são caminhos de oração que nos colocam diante de Deus.

Agora é a sua vez:

# Faça o roteiro de como quer que o seu dia passe a ser

# Escreva sua oração dentro dos quatro passos

1. Recorro a Ti, Senhor:
___

2. Tomo posse:
___

3. Defendo minha propriedade:
___

4. Confio, pois Deus já me ouviu e os resultados virão:

Deus abençoe você!
Vamos seguir *sorrindo pra vida!*

Leia também: